正说中国史

气势磅礴的大汉王朝

史海渔夫◎著

中国铁道出版社有限公司
CHINA RAILWAY PUBLISHING HOUSE CO., LTD.

图书在版编目（CIP）数据

气势磅礴的大汉王朝/史海渔夫著.—北京：中国铁道出版社有限公司，2021.3

（正说中国史）

ISBN 978-7-113-27297-5

Ⅰ.①气…　Ⅱ.①史…　Ⅲ.①中国历史–汉代–通俗读物
Ⅳ.①K234.09

中国版本图书馆CIP数据核字（2020）第185077号

书　　名：气势磅礴的大汉王朝
QISHI-PANGBO DE DAHAN WANGCHAO
作　　者：史海渔夫

策划编辑：田　军　　　　邮　　箱：wenhua@tdpress.com
责任编辑：奚　源
封面设计：闰江文化
责任校对：王　杰
责任印制：赵星辰

出版发行：中国铁道出版社有限公司（100054，北京市西城区右安门西街8号）
印　　刷：北京铭成印刷有限公司
版　　次：2021年3月第1版　2021年3月第1次印刷
开　　本：710 mm×1 000 mm　1/16　印张：13　字数：180千
书　　号：ISBN 978-7-113-27297-5
定　　价：46.00元

前言

著名历史学家汤因比曾经说过："一个人如果对历史有深切的感悟，他就一定能从中获得真知，因为历史的经验是最为丰富的一座智慧之库。"

中国是一个有着五千年历史的文明古国。源远流长的历史忠实地记录了中国人的成功与失败、兴盛与衰退、辉煌与悲怆、交替与继承，也昭示着中华民族美好的未来。

古人云："鉴前世之兴衰，考当今之得失。"学习和了解历史，往大了说，正如古希腊历史学家波里比斯所言，"历史之特殊功用在于能使人明白某种政策或政见的成败原因，使我们更谨慎、更大胆地面对现实。"往小了讲，可以让我们通过这面镜子，"察为人之道，悟处世之法。"

这就是本书的写作初衷。

本书讲述的时间大致从公元前202年刘邦建立汉朝，至公元184年黄巾起义爆发。这前后跨度约四百年的时光，堪称中华民族发展史上的第一个黄金时期。然而有高潮就有低谷，辉煌过后是不幸和黑暗……最终，黄巾起义的爆发将这个曾经骄傲的王朝推向汉末乱世。

翻开这一段漫长的历史画卷，你会惊奇地发现，它的丰富、它的绚烂、它的多彩，远比山谷中的彩蝶、天空变幻的浮云都要精彩亮丽得多。那就让我们沿着历史的长河，从头至尾细细地走上一番。

历史是严肃的，但绝不是无聊的史料堆砌，更不是索然无味的大事年表。因此，本书力求从新颖的视角切入，大处着眼，细节着手，在历史真实的基础上，深入挖掘历史事件的背后，深度剖析历史人物的情感和内心，从而给您不一样的阅读感受。

本书的真情实感犹如带着露珠的瓜果，从乡间田地采摘而来，清香扑鼻，能在您开卷阅读或掩卷沉思时，给您一点儿味道独特的启示……

衷心感谢您对本书的关注，希望本书能对您有所裨益。

目录

第一章

刘氏集团新开张

下马治天下

马上得天下，岂能马上治天下？刘邦拐弯还算拐得快……

汉高祖五年（前 202 年）正月（也有史书记载为二月），刘邦在经楚汉战争打败项羽后，正式登基做了皇帝，史称汉高祖。由于其曾为汉王，因此国号为汉，史称西汉或前汉。一开始刘邦定都洛阳，不久迁到长安（今西安）。

自此，焕然一新的刘氏集团正式开张。

作为刘氏集团的掌门人，刘邦很得意，他决心要好好当这个皇上，不能走秦朝二世而亡的老路。

然而我们知道，刘邦不过亭长出身，本身对治国之道就知之不多，加之又新做了天下之主，其心态难免跟如今一些暴发户一样，觉得功成名就了，就应当把吃喝玩乐作为人生的第一要务。

于是，日日笙歌，夜夜燕舞。

时日稍长，有个叫陆贾的大臣看不下去了，便常常在刘邦的耳边唠叨：饮酒伤身，皇上您还是抽时间读读《诗经》《尚书》等儒家典籍吧，提高一下做皇帝的素质。

对于从战争中走出来，习惯于用拳头解决问题的刘邦来说，这些话听起来本就很无聊，何况陆贾又三番五次地说。刘邦心一烦，便大骂陆贾："我是在马背上夺得的天下，读这些破书干什么？"

然而，当日的陆贾丝毫不理会刘邦的这种歪理，而且也不怕事，当即就回了过去："马上得到天下，岂能在马上治理！"

这就是"马上得天下，不能马上治天下"这句俗语的由来。这里的"马"，是一种借代手法。因为古代最先进的战争方式是骑兵作战，战争必然离不开马，所以马渐渐就有了代指战争、武力的含义。所以，这句话的意思是说，虽然汉朝的取得是来源于战争和武力，但不能用战争的那套办法来治理国家。

接下来，陆贾又引经据典地劝诫刘邦：当年商汤、周武虽然是用武力取得了天下，但他们都顺应形势以文治守成，文治武功并用，方才使得国家长治久安；与此相反，秦始皇就是因为过度倚仗武力才导致了秦朝的二世而亡。

见刘邦一时没有吭声，陆贾又毫不客气地说："所谓'仁义兴邦，残暴亡国'，陛下不妨扪心自问，如果秦始皇在兼并六国后，能够效法先圣，施行仁义，您觉得这天下还能姓刘吗？"

刘邦很不高兴地看了陆贾一眼，心想：这家伙也老大不小了，怎么还像个毛头小子似的，跟我提意见也不知道委婉点？

但刘邦毕竟是刘邦，如果要给中国帝王做一个善于纳谏的排名榜，刘邦无疑会名列前茅。因此，尽管心情很不爽，他还是听从了陆贾的忠告，成功地遏制住了自己的享乐思想，迅速将工作重心从"马上得天下"转移到"马下治天下"。

刘邦的首要策略是，发展经济，与民休息。

出身平民阶层的刘邦，一方面深知百姓是自己的衣食父母，无论如何不能得罪，也不该得罪；另一方面他也很了解劳动人民的想法，小小老百姓，只要有块地种，不愁温饱，负担不重，是断然不会造反的。

为此，从刘邦开始，汉初的几位皇帝都实实在在地采取了诸多措施来恢复生产、安定民生：

首先是减轻田租。汉初将税率定为十五分之一或三十分之一。与之前秦朝的横征暴敛相比，这种措施无疑深得人心。

其次，当时社会上有许多因为饥饿而卖身为奴婢的人，刘邦下令全部恢复他们的平民身份。这样一来，大量的奴婢就变成了可以自由耕种的平民，使他们的劳动积极性得到提升。同时，荒废的土地由于劳动力的增加，也再次被利用起来。这对于恢复生产无疑有着积极作用。

第三，继续推行秦朝按照军功授予田地和房屋的政策。这也是一项安抚人心的措施。

第四，号召在战乱中逃亡的人回家，恢复他们在原居住地的爵位和田宅。这项措施也起到了发展生产和恢复社会正常秩序的作用。

第五，下令军人复员，并给予免除徭役的奖励。这是至关重要的一个措施。大量军人退伍后，回到家乡从事生产活动，充实了家庭的经济实力，也减轻了国家的财政负担。

第六，为使更多的人投入到农业生产中，商人的社会地位受到了很大限制。他们不能穿丝衣，不能乘车，需要缴纳更多的赋税。当然，这是在初创期物质匮乏的情况下才不得已采取的措施。等到后来生产发展，社会上出现了许多需要交流转运的剩余产品后，汉朝的商业和商人的地位也就重新得到了肯定并有了较大的发展。

第七，由于战乱，汉初的人口由秦朝时期的三千多万骤降到了一千余万，并且缺失的大多数是青壮年，这让刘邦头疼不已。为了让人口回升，朝廷颁布命令，大力鼓励人们生育。

不过生育情况并不乐观。这不难理解，今天人们的生育意愿尚且不高，更别说是在食不果腹、衣不蔽体的西汉初年了。

为了改变这种状况，后来的惠帝刘盈更想出了一个“妙招”——征收“单身税”。其具体办法是，如果一个女子到了十五岁还没有婚配，就需要交纳一笔罚款。而且，这笔钱不是只交一次，只要你没出嫁就需要年年交，一年的罚金是六百钱。

应当说，此政策的出发点还是不错的，其目的也达到了。到了几十年后的汉武帝时期，汉朝人口增长了四倍，直接飙升到了六千万，为“汉武时代”的到来以及大规模反击匈奴奠定了基础。

然而必须指出的是，这项政策也让一些家庭苦不堪言。为了躲避高额的“单身税”，他们只好在女儿尚未年满十五岁时，就草草找个人家嫁了，根本无法考虑女儿一生的幸福，有些更酿成了人间悲剧。

国家此时奉行的基本是“无为而治”的温和政策。国家除了调整一些不和谐的因素外，对民众的生产生活并不进行太多的干预，而是顺其自然地良性发展。这对饱受多年天灾人祸之苦的百姓来说，无疑是极为有利的。在此政策下，经济逐步得到了恢复，民生也有了较大改善。

经济的发展离不开政治的清明。在政治制度上，汉朝主要是在继承秦制的基础上，有所扬弃和增益。

我们知道，秦始皇统一中国后，费尽心思建立了一系列的统治制度。在当时的历史条件下，虽然这些制度有利于皇权的专制和集中，但也有利于维护国家的统一，可以说适应了社会发展、人民渴望稳定的要求。

秦亡汉兴虽然是中国历史上一次翻天覆地的改朝换代，但更换的只是帝王将相而已。秦朝时期秦始皇所开创的适用于当时现实状况的中央集权制度，没有理由不被汉朝所承袭。

但是，从刘邦起，取消了秦朝的一些严刑峻法，比如刘邦自己就废除了“连坐法”及“夷三族”等残暴手段。汉初改以教化为主，刑罚为辅，以求达到刚柔相济、宽严适当。各级官员在行使权力的过程中，不得滥施淫威。这些无疑都具有历史的进步性。

正是在这些英明政策的感召下，西汉初年的普通百姓深切感受到了新朝廷的温暖与可爱。他们以百倍的热情投入国家建设中，使初生的大汉王朝很快面貌一新，并呈现出欣欣向荣的景象。

这样做皇帝才过瘾

俗话说：坐有坐相，站有站相。那么，您知道这话是怎么来的吗……

刘邦本质上是个不拘小节之人，初登帝位后，他嫌秦朝的礼仪制度过于烦琐，干脆全面予以废止。这样一来，他和大臣们见面时，就跟从前一样嘻嘻哈哈，有说有笑，好不热闹。

这天，刘邦眼见经过几个月的忙活，制定并颁布实施的各项方针政策已逐渐收到了效果，高兴之余，他抽空宴请了一下群臣。

跟刘邦一样，汉初的功臣宿将们大部分也都是粗人，斗大的字识不了几个，吹牛侃大山却一套又一套。这不，几杯酒下肚，他们便脸红脖子粗地高声咋呼起来。有的边撸袖子边唾沫星子四溅地描述当年是如何威风八面，指哪儿打哪儿；有的则添油加醋地讲述着当年楚汉相争时的艰辛和逆转的艰难，说着说着，竟然又哭又笑，弄得满脸都是泪水和鼻涕；至于那些跟刘邦一块儿光屁股长大的发小们，更是不厌其烦地诉说着他们和刘邦"铁打"的友情，说到兴奋处，甚至情不自禁地将当年一块儿偷鸡摸狗的事也一锅端了出来。

刘邦本人也好饮，对酒话其实并不是很在意，而且他也确实有容人之量。但问题是，度量再大，再善解人意，终归还是有底线的。更别说今非昔比，此时的他已贵为一国之君，俗语说"蒸笼还分上下格"，何况君臣？

因此，看着文臣武将们频出的丑态和没大没小地揭短，刘邦嘴里虽没说什么，眉头却皱得越来越紧。

刘邦细微的心理变化被一个人敏锐地捕捉到了，这个人叫叔孙通。

叔孙通从来就是一个善于察言观色的人。他原本是秦国的博士（掌管书籍文典等的官职，不同于今日的博士），在二世的时代供职于宫中。陈胜吴广起义后，有一天秦二世叫儒生们来问策，作为儒生之一的叔孙通也位列其中。

当时那些儒生大多是"书呆子"。他们的对策，是出兵镇压。

没想到二世闻言，脸都绿了，因为他压根就不相信（或者说不愿相信）在自己的治下会有人造反。

狡猾的叔孙通见状，立即上前说："天下一统，四海一家。明主在上，法令在下，哪有什么人造反？不过是些小偷小摸罢了。"

秦二世龙颜大悦。

退朝后，其他儒生纷纷指责叔孙通欺君罔上、阿谀奉承。叔孙通却回答说："不这样说，还有命吗？"

不过，叔孙通也知道自己此后很难再在秦朝的儒生圈混下去了，因此改换门庭投奔了项梁，后来又跟了刘邦。

可惜，虽然成了刘邦的人，却没有得到刘邦的心。叔孙通此后混得也不怎么样。

但叔孙通一点都没灰心，而是在苦苦寻觅着机会。

机会总是留给有准备的人。当刘邦在宴会上皱眉头的时候，深谙人心的叔孙通立刻意识到机会来了。

不过，叔孙通并没有立即进谏。老于世故的他知道，这些文臣武将包括刘邦，经过九死一生才打下江山，早就憋不住想放纵一下了。如果现在去进谏，很可能会扰了他们的兴致，适得其反。只有等刘邦到了忍无可忍的时候，才是自己出手的最佳时机，因此叔孙通选择了继续等待。

果不其然，大半年之后，刘邦忍无可忍。原因是这些臣僚们不但在饮宴之时毫无节制，就连开朝会时也吵吵嚷嚷，甚至上蹿下跳。哪怕刘邦瞪疼了眼睛，拍破了桌子，也无济于事。每当此时，刘邦的脸色就变得越发难看。

叔孙通看在眼里，喜在心头，他知道大展身手的时候到了。于是对刘邦说："皇上，咱大汉朝廷又不是草莽窝子，怎么开个朝会就跟群魔乱舞似的，成何体统！"

刘邦叹了一口气说："是啊，但又能怎么样呢？"

叔孙通说："这主要是因为国家没有一个系统的礼乐制度，如果有的话，一切就会好起来。如果皇上愿意，我可以去鲁地找一些儒生来，让他们和我的弟子一道给您制定一套朝廷上使用的礼仪。"

刘邦有些担心地问："你们这个朝仪麻烦不？如果和秦朝的一样，那就算了。做皇帝不就图个清爽自在么？太繁杂的礼仪，会把人逼疯的！"

叔孙通说："一点都不麻烦！礼这玩意儿不是僵死的老古董，而是与时俱进的。臣一定上采周礼之长，去秦仪之短，打造一套具有咱大汉特色的朝仪制度。"

刘邦点点头说："你可以去试试，但一定要注意简便易学，多照顾一下朕的感受！"

叔孙通做出保证后，立刻前往儒学氛围浓厚的鲁地征召儒生。其中有两人很鄙视叔孙通此前四处投靠的行为，宁死不去。叔孙通也不客气，当即丢给他们两个字——"腐儒"。从此，这两个字就成了读死书的标签。

然后，叔孙通带着另外三十多名儒生回到长安，又把自己一百多名弟子和刘邦身边有点儿文化的人全部借来，历经一个多月的编排演练后，朝仪程序正式成形。

叔孙通决定进行彩排，并邀请刘邦前往观看。结果，刘邦很满意，并且当场拍板：文武百官和功臣勋贵都要进行培训。

汉高祖七年（前 200 年）十月，长安城中的长乐宫建成了。诸王侯和朝廷里的大臣们前来参加朝会，叔孙通制定的朝仪正式登场。

天亮之前，诸王侯和群臣个个穿红戴绿，精神抖擞，列着整齐的长队站立在宫门外。

天刚放亮，谒者（皇帝身边管传达等事的近侍）开始主持仪式，按王侯将相官阶，引导众人依次进入殿门。院子里排列着保卫宫廷的骑兵、步兵，陈列着各种兵器，插着各种旗帜。

这时只听谒者喊了一声"趋"，于是众臣就小步快走进入指定位置。

位置当然不能乱站。功臣、列侯和武官按次序排列在西边，面向东；文官列队于东边，面向西，丞相站在文官队首，大小官员依次往后排列。

随着左右侍卫一声声高呼"皇帝驾到"，刘邦身穿崭新的龙袍，面容庄严地迈着八字步走来。诸王侯和百官在礼宾官的引导下，依次向皇帝朝贺。

整个过程，没有人不觉得畏惧，没有人不屏气凝神，更没有人敢擅自喧哗。

这还不算完。大礼完毕，刘邦在宫殿里大摆龙宴，诸王侯和百官按照尊卑次序站起来向皇帝祝词敬酒。大家互相谦让，毕恭毕敬，彬彬有礼，再也没有往日那种混乱的局面。酒上九巡，谒者宣布"罢酒"。

然而这时还不能走人。只见监察礼仪的御史走到众人当中，一个一个地揪出不合礼规的官员，并且把他们带离现场。砍头自然是不会的，但打屁股和加强训练恐怕是必不可少的。

整个仪式顺利完成后，刘邦喜不自禁。他余味无穷地说：“老子今天才晓得，当皇帝还真是过瘾！”

当然过瘾。这样的伦理和礼仪，原本就是为了让君主坐稳江山而设计的。秦汉以后，历朝历代都坚持伦理治国和礼乐制度，盖源于此。

后来，在叔孙通的主持下，汉朝拥有了一整套的礼仪制度。虽然这些礼仪的制定初衷是为皇帝治理天下服务的，但在客观上对文化的发展也作出了巨大贡献。

比如人们现在常说的“坐有坐相、站有站相”，就是给大家定下的标准。你可以不喜欢这些标准，但不管怎么说，它们对于培养一个人良好的生活习惯和行为习惯，还是大有益处的。

一切都是为了那张龙椅

为了屁股下的那把椅子坐得稳当，刘邦可以说费尽了心思……

刘邦做了皇帝后，曾经总结过自己的成功经验，那就是：会用人。

他说：“运筹帷幄，决胜千里，我不如子房（张良字子房）；镇国家，抚百姓，运饷至军，源源不绝，我不如萧何；统百万兵士，战必胜，攻必取，我不如韩信。这三人都是当世豪杰，却全部为我所用，这才是我得天下的真正原因。而项羽只有一个范增，还不知道珍惜，他不败谁败？”

刘邦此话不假。综观他的一生，确实在选人上不拘一格，而且知人善任、用人不疑。

但光有这些就够了吗？

恐怕不行。

我们不妨来听听大臣王陵对此的看法。

王陵说："皇上宅心仁厚，'与天下同利'，每攻下一座城池，就有封有赏，所以大家肯为您效劳；可是项羽那家伙就不同了，别看他长得人高马大，却很是小家子气，别人有了功劳，本应该封土赐爵的，他却把那印信捏在手里，印的角都摸圆了也舍不得给人。这样一个吝啬鬼，谁还愿意为他卖命呢？"

王陵的话才可谓一针见血，明白无误地告诉我们，刘邦之会用人，其核心其实就是"饶人以爵邑"——该封的爵位，封；该给的土地，给。一点也不含糊。

刘邦在这方面做得还真是不错。钱财、土地之类的我们姑且不说，光异姓王刘邦就封了八个，分别是赵王张耳、长沙王吴芮、淮南王英布、燕王臧荼、韩王韩信（韩国王室后人，史书称韩王信）、齐王韩信（后封楚王）、梁王彭越、燕王卢绾。这八大王，有土地，有军权，有治权，势力很大。

然而，历史告诉我们，君臣之间共患难易，同享福难。刘邦当年之所以封异姓王，是为了笼络他们，以对抗敌人项羽。当项羽灰飞烟灭，天下尽入刘邦之手后，实力强大的异姓王就成了大麻烦——因为他们的存在就是对皇权的严重威胁。

刘邦首先收拾的是韩信。

韩信是穷孩子出身，失了双亲，生活无着，常常食不果腹，老受地痞流氓的欺负。不过韩信很能忍，连"胯下之辱"都能忍受。

秦末天下大乱后，韩信先是投奔了项羽，可惜项羽并没有认识到这是一个军事天才，只让他当了一个执戟郎中（类似侍卫官）。几次献计项羽都不被采纳，韩信于是跑到了刘邦这里。但刘邦也没有看上他，只给了他个管粮库的小官。

倒是刘邦手下的萧何发现此人不可多得，屡次和他交谈。但韩信觉得自己太憋屈了，完全是怀才不遇，便挑了一个月朗星稀的夜晚，逃之天天，后被识货的萧何追了回来。这就是历史上著名的“萧何月下追韩信”。

不久，刘邦真的在萧何的建议下拜韩信为大将，韩信由此登上了楚汉战争的舞台。

韩信被起用后，其展现的军事才华令人瞠目结舌。他出神入化的军事指挥艺术，为后世留下了大量脍炙人口的典故，如“明修栈道、暗度陈仓”“背水一战”“四面楚歌”“十面埋伏”……他指挥的陈仓之战、安邑之战、井陉之战、垓下之战等一系列重大战役都是战争史上的伟大杰作。作为战略家，他在拜将时的言论，成为楚汉战争胜利的根本方略；作为统帅，他自拜将起，“连百万之军，战必胜，攻必取”，天下莫敢与之争锋。韩信的卓著战绩堪称军事史上的奇观。

在“楚汉相争”的关键时期，韩信握有可与刘邦、项羽三足鼎立的实力。为了打败刘邦，项羽曾派韩信的老乡——盱眙人武涉游说韩信叛汉，与楚联合，三分天下。

应当说，就当时的条件，对韩信而言这是一条路。然而韩信不为所动，他在拒绝武涉时，说出了一番肺腑之言：“想当年，我投奔项王帐下时，官不过郎中，爵位不过执戟。项王对我言不听、计不用，因此我才弃楚投奔汉王刘邦。汉王对我十分器重，授我上将军印，交给我数万兵将。在我冷时，把自己的衣服脱下来给我穿；在我饿时，把自己的食物给我吃。对我言听计从，我才有如今的成就。他对我如此信任，如果我背叛他，会招来报应的！所以，你也别劝了，就算我死了也不会背叛汉王的！”

当时有一个叫蒯通的著名辩士，也来游说韩信。他以无可辩驳的事实分析利害关系，两次劝韩信叛汉，向他指出继续听命于刘邦的危险性。而韩信呢？史书记载“犹豫不忍背汉，又自以为功多，汉终不夺我齐，遂谢蒯通”。也就是说，韩信有些心动，但仍然不忍心背叛刘邦，又认为自己劳苦功高，刘邦不可能对他怎么样，所以最终还是拒绝了蒯通的劝说。

韩信率约四十万汉军，在垓下将项羽的十万兵马团团包围。入夜，韩信令汉军四面唱起楚歌，终使楚军丧失斗志，被汉军一举歼灭。最后，项羽冲出重围，仅带着二十八人逃至乌江，被韩信的部队追上。项羽吟诵了著名的《垓下歌》后，挥剑自刎。楚汉战争以刘邦的胜利而告结束。

可以说，韩信为汉王朝的建立所作的贡献是决定性的，司马光就认为“汉之所以得天下者，大抵皆韩信之功也”。然而，楚汉战争结束后，韩信的不幸也来临了。

垓下之战结束后不久，一天，刘邦只带了几个随从，在韩信毫无防备的情况下，突然冲进他的军营，把他的官印和兵符全都收缴。韩信一下就成了光杆司令。

从这件事可以看出，刘邦对韩信的猜忌心是很重的，而猜忌的程度则和他的功劳成正比——当时情况下，功高必然震主。

然后，刘邦把原本被封为齐王的韩信改封为楚王，将韩信从他的根据地齐地调离，并且没有给他任何兵马。韩信从此成了没有牙齿的老虎，只能吓人不能咬人。

然而，饶是如此，刘邦对他仍不放心。

没过多久，一次刘邦召见群臣，说：“有人告发楚王韩信谋反，怎么办？”

这个告密者是谁，为什么要告密？史书没有记载，我们不得而知。有人认为告密者是在刘邦的指使下故意而为。

有这种可能吗？

有，可能性还比较大。因为比较蹊跷的是，刘邦的话音刚落，大臣们就都认为告密属实，而且异口同声地骂道：“赶快派兵攻打，活埋了那厮！”

可见，刘邦对韩信的不放心，已经到了何种程度！否则，何至于大臣们都看出来了。

不过也许考虑到韩信是个打仗的天才，臣子中没有能与之对抗的人物，因此，刘邦采取了陈平的调虎离山之计：假装巡视云梦，把韩信诓去，然后生擒他。

韩信收到消息后，意识到刘邦来者不善。但他左思右想也想不出自己到底哪里惹恼了刘邦？最后觉得问题可能是出在了曾经追随项羽的大将钟离眛身上。

钟离眛似乎早些年与刘邦有过节，因而刘邦非常恨他，一直在通缉他。项羽死后，钟离眛走投无路，只好逃到楚地，投奔好朋友韩信。

当时韩信认为，大概是有人把钟离眛投奔自己的事情告诉了刘邦，这才给自己引来了祸患。如果将钟离眛杀了，刘邦一高兴，不就放过自己了吗？

此时的韩信天真得就像孩子，当韩信提着钟离眛的首级来见时，刘邦却二话不说，立即令人将他绑了起来。

韩信悲伤地说："果然像人们说的那样，'狡兔死，走狗烹；飞鸟尽，良弓藏；敌国破，谋臣亡。'天下已定，我当然应该被杀了。"

刘邦怒气冲冲地斥责他说："你别废话，你认为你的反迹还不明显吗？"

不过也许是念及韩信曾经的功劳，也许是确实拿不出韩信谋反的实据，因此回到都城后，刘邦并没有将韩信怎么样，只是把他贬为淮阴侯，让他住在长安，以便随时监管。

韩信本是个自视甚高的人，无故被贬，自然牢骚满腹，便常常称病不上朝。刘邦当然明白韩信的心思，但也没有采取措施，对他的软对抗睁一只眼闭一只眼。

只可惜，刘邦容得了他，有人却容不了他。不久后，韩信还是顶着"谋反之罪"死于非命。这件事咱们后面再具体讲。

除了韩信，在楚汉战争中同样起过重大作用的异姓王，如英布、彭越等，后来也陆续被杀掉。

那么，没了这几个强大的异姓王后，刘邦就彻底放心了吗？

还没有。

当时丞相的权力也非常大，刘邦决定从时任丞相的萧何下手，来打击和削弱相权。

机会很快又被刘邦抓住了。

一天，萧何提议把上林苑开放，让百姓去耕种。上林苑本是秦朝时专门养兽以供皇帝狩猎的皇家园林，但此时基本上已经荒芜而被刘邦弃之不用，因此萧何的主张并无不妥。

但刘邦一听就恼火了（或者是故意装作恼火），硬说萧何拿了商人的贿赂，所以才假借百姓耕种之名要将上林苑卖给商人牟利，更以此为名将萧何关进了监狱。

几天后，有大臣问丞相犯了什么罪？刘邦为自己狡辩说："原先李斯做秦国的丞相，凡是功劳都归始皇，不好的事都由自己承担。但现在丞相萧何却接受了商人的贿赂，替他们求我开放上林苑，收买人心，因此要治他的罪。"

真是"欲加之罪，何患无辞"。

他的做法虽然让人觉得下作甚至卑鄙，但从刘邦的角度来看，他通过打击元老功臣萧何，确实达到了削弱相权同时提高皇权的目的。

在巩固强化皇权方面，刘邦还想尽了其他办法。

第一件事，尊父亲刘太公为太上皇：

在经历了春秋和战国长期的混乱之后，又经历了短暂的秦朝统治和纷乱的秦末战争，这使得当时人们的心中没有忠君的观念，还保持着战国以来形成的"士无常君、国无定臣"的思想，这当然不利于皇权的巩固。刘邦便想通过尊崇父亲，以教育大臣和百姓们，要遵循礼法、尊重长辈、效忠君主。

刘邦的做法也堪称巧妙。他本和父亲住在一起，但为了向大家表示自己的孝顺，便每隔五天就公开去拜见一次，而且又是磕头又是捶背啥的，丝毫没有皇帝的架子。

刘太公倒也没觉得有什么不对。你"刘三儿"（刘邦排行第三）不管称王还是称帝，不还是我的儿子吗，向我行礼如仪难道不是天经地义的吗？

但太公的属下们却觉得不合适，就劝他说：“当今皇上虽说是您的儿子，但他终归是人主。您虽是他的父亲，但也是他的大臣。让他这个一国之君拜见您这个臣下，不合礼仪。况且这样也显不出皇帝的威严，对管治天下臣民不利。”

刘太公一听：对啊，只要天下姓刘，我这做老爹的折损点面子有什么关系？还是大局为重吧。于是等刘邦再来拜见时，刘太公就拿起一把扫帚横在胸前去迎接，然后倒退着进屋，不给刘邦行礼的机会。

刘邦当下一惊，心想才几日不见，难不成老爷子中邪了？连忙上前，准备问个究竟。

刘太公却一把推开他说：“你不用担心我，我这身子骨追兔子都没问题。但是你作为皇帝，贵为人主，怎能因为我一个人破坏了国家的礼法呢？”

刘邦一下子明白了老父亲的良苦用心（当然，和父亲联手演戏的可能性更大），很快就顺水推舟下了一封诏书：尊太公为太上皇。这样一来，不但明示了皇帝的尊严，他也可以顺理成章地拜见父亲了。真可谓一举两得，一箭双雕。

第二件事，处理丁公和季布：

丁公本是项羽手下的将领。当年项羽在彭城打败刘邦后，丁公带兵在彭城西面追逐刘邦。眼看就要被抓住了，刘邦回头对丁公说：“咱俩也算得上是一对英雄好汉，干吗非要拼个你死我活呢？”丁公不知是动了惺惺相惜之心，还是其他有什么考虑，当即放走了刘邦。

等到项羽灭亡以后，丁公喜滋滋地跑去拜见刘邦，以为能求得个大官做。没想到刘邦不但不报恩，反而令人砍了丁公的脑袋。理由是：做臣下的不能为主子尽忠，尽干些背主求荣的事，这样的人留着有何用？

与此同时，在楚汉相争中曾追得刘邦屁滚尿流的项羽麾下另一位将领季布，却被刘邦召见。在表示服罪后，季布被任命为郎中，此后一直凭借才能享有高官厚禄。

丁公和季布两人，有恩的被杀，有仇的却升官发财，让人不明所以。

其实也很简单，丁公从前放跑刘邦，现在又来投诚，可谓背主求荣。刘邦杀丁公，以此来告诫群臣和百姓，只有忠诚于他刘家才有出路和活路。季布有才能且忠诚，在成为胜利者后，赦免和重用他，是为让天下人看到他刘邦的宽容和大度。

作为汉王朝创立者的刘邦，确实有他诸多不凡之处！

打不过，就“和”为上

开始“和亲”虽无奈，但却留得青山在……

匈奴是我国古代民族。公元前三世纪前后，兴起于大漠南北。在汉初，匈奴南下侵扰日益频繁。

在刘邦封的异姓王中，韩王信在今山西，与匈奴比邻而居。

韩王信是战国末期韩襄王后人。秦末农民战争时期，他曾跟随刘邦入函谷关灭秦，后被封为韩王，治所在今河南。韩王信身材高大、雄壮勇武，刘邦觉得这样的人不如让他驻守边关，威慑一下敌人。于是在汉高祖六年（前201年），将韩王信迁到太原郡，以防备匈奴。

韩王信虽然忍气吞声接受了刘邦的安排，但双方的裂痕已现。

这年秋，匈奴冒顿单于欺负韩王信初来乍到，立足未稳，派兵不断攻打。战端初开时，韩王信全力迎敌，但连战连败，最后退回马邑（今山西朔州）被匈奴包围。

韩王信一边向刘邦求救，一边却多次与匈奴联络。此事被刘邦得知后，韩王信遭到指责。韩王信知道自己本来屁股就不干净——楚汉相争的时候曾投降过项羽，一直怕刘邦秋后算账——这次匈奴入侵又连遭败仗，今后势必没好果子吃。结果，他干脆一不做二不休，主动投降了匈奴。

韩王信投降，后果是严重的，其麾下队伍一起归附匈奴不说，山西门户大开。冒顿大喜过望，纠集韩王信降军一起南攻晋阳。

刘邦显然不是被吓大的。危机面前，汉高祖七年（前200年）冬，他毅然决然地率大军御驾亲征。

刘邦的进军起初很顺利，韩王信的军队在朝廷精锐面前几乎不堪一击。汉军势如破竹，和匈奴军展开了几次面对面的较量，结果都是匈奴败逃。

这时的天气，漫天飞雪，北风呼啸，奇冷无比。汉军绝大多数对如此酷寒的天气难以适应，冻死者无数，部队非战斗减员严重。而且，汉军自出发之后，一路马不停蹄追杀向晋北，连续作战，疲态已露。按理说，此时应该让部队休整补充才是。然而，在胜利的鼓舞下，刘邦认为气可鼓不可泄，只有一鼓作气歼灭匈奴主力，才能彻底解除北方边患。

从枪林箭雨中闯过来的刘邦不是糊涂人，他深知“知己知彼”的道理。刘邦通过各种渠道搜集匈奴情报，但得到的消息都是“匈奴已尽是老弱残兵，不堪一击”。唯独刘邦身边的谋士刘敬却认定：匈奴一定是将主力隐藏起来，企图诱使汉军北进。刘邦被情报所迷，将刘敬一顿臭骂，并囚禁起来，扬言打完仗后再收拾他。

刘邦率领汉军一路北进，直抵平城（今山西大同），准备对匈奴军发起总攻。刘邦很快就为他的轻率和冒进付出了代价。当他率军到达平城东南的白登山时，早已埋伏在此的匈奴主力将汉军团团围住。之前的那些战果现在看起来也是匈奴的计策。

陷入合围的汉军立刻原地布防，在白登山就地组织防御，和匈奴军进行了惨烈的厮杀。依冒顿原先的构想，此时的汉军应该没有多大的战斗力，不费吹灰之力打败甚至活捉刘邦都是有可能的。

但接下来的战局发展却大大出乎冒顿的意料。酷寒和重围下的汉军非但没有崩溃，相反却迸发出顽强的战斗精神，他们凭借地形和弩箭防御，数次击退匈奴的进攻。

一天又一天，一夜又一夜。七天七夜过去了，匈奴无力攻击，汉军也无力突围，双方陷入拉锯战。然而被困的汉军，饥寒交迫，局面无疑更加困难。

刘邦就要撑不住了，这时他才意识到刘敬的金玉良言。如果世上真有后悔药，他一定会毫不犹豫地喝上一壶……

绝境之中，刘邦不由回想起自己的戎马一生，不禁悲从中来。他觉得自己现在就像一只掉进陷阱的猎物，等待冒顿宰割。

然而综观刘邦的一生，他终归是猎人而非猎物，而且幸运女神似乎也喜欢眷顾他。因此短暂悲伤过后，他很快就依赖谋士陈平的计策脱出了重围。

那么陈平究竟使用了何种妙计呢？

《史记》《汉书》等史籍的说法是，陈平看到冒顿对自己的阏氏（即夫人）十分宠爱，经常和阏氏一起骑马在军营出出进进，浅笑低语、情深意笃。于是向刘邦献计：从阏氏身上打主意。

刘邦一听，立刻从之。

向有“盗嫂偷金”恶名的陈平不知从哪儿弄来一幅美女图，又从刘邦那儿要来许多金银珠宝，然后派了一个胆大心细的使臣带着钱财和美女图下山见阏氏。

这个使者也确实有两把刷子。他以钱开路，并辅以出色的交际能力，还真和阏氏单独见上了面。

使者先献上金银珠宝，阏氏喜笑颜开；又献上美女图，阏氏眼露不解之色。使者见状，故意压低声音，神秘兮兮地告诉她：我们大营美女无数，但以画上这位姑娘最为美艳。如果单于打败了我们，那么包括画上这位姑娘在内的美女就一定都属于他了。到时候，恐怕您的地位就……

阏氏一听，恨得牙痒痒，她怎么能容忍这么一个美人来跟自己争宠呢？不过表面上还要不失风度，她装模作样地想了一会儿，终于收下了珠宝首饰，让使者带着美女图回去了。

果然，到了就寝时，阏氏便在冒顿的耳边吹起了枕边风：“大王就算夺了汉地，人生地不熟，守起来也不是一件容易事。而且我听说刘邦上头有神仙保佑，杀了他恐怕不太吉利。再说咱们不是和韩王信的部将王黄、赵利约好了夹击汉军吗？可这俩人到现在连个影子都没见着，说不定有什么变故……”

冒顿仔细想了想，觉得阏氏的话不无道理，于是下令打开包围圈的一角，放汉军下山。

汉军士兵见匈奴撤围，都欢呼了起来。刘邦怕冒顿后悔，赶紧命令全军火速下山。是时天降大雾，视野不清。匈奴见汉军将士众多，而且又井然有序，也不敢轻举妄动。这样，汉军就顺利地突出了重围。

不过有人并不同意上述说法，因为根据史书的记载，冒顿单于是一个很冷酷的人，在他的眼中只有胜利和死亡。曾经，他为了稳固边境的安全，将心爱的女人献给自己的敌人。因此，冒顿根本不可能会沉迷于女色，更不可能会因为女人的一席话就放掉刘邦这样一个恐怖的对手。

那么，历史的真相究竟是什么呢？

对此有另外一种说法，即当时另一路汉军周勃部在扫荡了韩王信残部后，已经杀奔白登山而来。对于久攻不下的匈奴来说，此时面临被汉军前后夹击的危险。所以，顺水推舟解除包围，体面地撤军，就成了冒顿最好的选择。

无论冒顿撤军的真正原因是什么，对于征战一生的刘邦来说，白登之围都是一种奇耻大辱。因此，解围班师后的第一件事，就是诛杀战前向他提供错误情报的人，释放了战前曾劝说他的刘敬。

但对匈奴，刘邦却忍了。

不忍又能怎么样呢？这时正是汉朝百废待兴之时，匈奴又处强势，再起战端只能再次自取其辱。那就忍一时风平浪静吧，报仇雪恨的事，留待子孙。

不过，白登之围中，汉军在绝境下的顽强精神，以及强悍的防御能力，也给匈奴人留下了极深的印象。以匈奴此时的军力，在野战中击败汉军或许可以做到，但占有土地却很难。所以，和平就成了大家共同的选择。

公元前198年，汉廷以刘敬为使节，与匈奴正式结好：汉廷以宗室女嫁给匈奴单于为阏氏，并附赠大量米粮絮缯。

这就是和亲之策。虽是被迫，却是当时初创的汉王朝唯一的选择，在客观上也促进了民族间的经济文化交流。

这个女人不简单

入得厨房，出得厅堂，吕雉其实也是个能做大事的人……

高祖十二年（前195年）四月，年过六旬（一说五十三）的刘邦在完成了他创立汉王朝的伟业后，撒手西去。刘邦嫡长子、十六岁的太子刘盈继承了皇位，是为汉惠帝。

汉惠帝天性纯善、仁孝恭敬，做人不错，做皇帝却不够刚强。因此，终惠帝一朝（共七年），汉朝的最高权力实际掌握在吕后手中。

吕后，姓吕名雉，刘邦的结发妻子，惠帝刘盈的生母。在惠帝死后，她又“临朝称制”，做了九年事实上的女皇帝。

这是一个了不得的女人！在掌管汉朝的十六年时间里，她做出了许多为人称道的不朽成绩，甚至比古往今来的大多数男性干得都棒！

首先，吕后稳住了政局。刘邦死后，那些手握朝政大权的功勋权贵中，不乏阴谋诡诈、飞扬跋扈之徒。年幼孱弱的惠帝刘盈哪能镇得住他们，亏得有精明苛严的吕后压阵，政局才得以相对稳定，朝中政事才得以按常理运作，天下百姓也才能免遭动乱之苦。

其次，吕后当政期间，延续了刘邦的治国方针和休养生息政策。而她相继重用的萧何、曹参、王陵、陈平、周勃等开国功臣，也都奉行“无为而治”的治国方针，与民休息，从不劳民。

另外，吕后当政打破了古代男尊女卑的传统，有力地证明了在国家事务管理方面，妇女同样能顶半边天。

吕后很有政治家的气度，下面的这件事就是证明：

惠帝在位时，冒顿单于曾给吕后写了一封“情书”。信中说：你已守寡多年，我也很孤独，都不知道该如何打发漫漫长夜。我们俩为什么不结合一起，我愿意到你那里一游。

这分明是羞辱！吕后的愤怒可想而知，她当即召集陈平、樊哙、季布等人商量对策。

大将樊哙是吕后的妹夫，他不等别人开口，就抢先哇哇大叫着说：“简直欺人太甚！臣愿请兵十万，把匈奴杀个片甲不留！”

吕后未置可否，转头问季布的意见。

季布说：“樊哙的脑袋可以砍下来！当年高皇帝将兵四十万，还被匈奴困在平城。樊哙比高皇帝还厉害？他现在夸海口，只是拍马屁罢了！”

吕后沉默不语，但仍面有怒色。大臣们见状都说：“请太后不要把这事放在心上。匈奴哪里会说人话，我们岂能跟他们一般见识！”

吕后冷静下来，仔细分析了当时双方的实力，明白为今之计，唯有韬光养晦、埋头强大自我方为上策。于是采纳了季布的意见，给冒顿回了一封言词卑微的信。

信中说：感谢您挂念我，但我已年老色衰，牙齿都快掉光了，走路也不太灵光，我送您些礼物吧。然后派人给冒顿送去了美女和车辆马匹。

一场原本可能导致兵戎相见的事件就这样平息下来。吕后靠着她的忍辱负重，维护了汉廷和匈奴之间的和平，表现了她非同一般的政治家的眼光与气度。

然而，让人遗憾的是，无论吕后做了多少、做得多好，不少人总是对她评价不高，认为她狠辣残忍、恃权祸国，是一个“既乖戾跋扈又冷酷刻毒的恶女人”。

那么，这些指责有依据吗？一言难尽。

我们先看一件事。

汉高祖十年（前 197 年），韩信旧部陈豨举兵谋反，在代地自立为王。刘邦亲率大军前去征讨，韩信称病，没有跟随出征。

这时，有人告发韩信谋反。这一次，告密者留下了姓名，这个人叫栾说。他是韩信准备处死的一个门客的弟弟。

《史记·淮阴侯列传》中记载了导致韩信被杀的这次谋反过程：

陈豨在被拜为钜鹿守后，拜见了老上司韩信。韩信将陈豨引入密室，拉着他的手说："你今天能得此重任是因为陛下信任你，但陛下生性多疑，若一人告你谋反陛下可能不信；若多人告你谋反，陛下必起疑心，到时你的灾祸就要临头了。若将来有一天你真的被逼迫，我定在京城助你一臂之力。"陈豨了解韩信的才能，表示一切听从韩信的指示。刘邦御驾亲征陈豨后，韩信又写信给陈豨：你只管起兵，我在京城给你做内应。韩信准备把监狱里的罪犯和奴隶放出来，让他们去攻打皇宫。就在此时，栾说把韩信告发了。

当时留守京城的人正是吕后，她接到栾说的密报后，把相国萧何找来商量。萧何出了一个主意：他自己去邀请韩信，说前方传来了捷报，皇上打了胜仗，现在群臣都要到皇宫祝贺。

韩信虽然相信了萧何的话，但他说自己一直在生病，仍是不愿意去。

萧何说："你虽然有病，但还是勉为其难去一趟吧。这么大的事情，大家都去祝贺，你不去不好！"

韩信觉得实在是推托不过，就勉勉强强来到了长乐宫。

长乐宫里边早就设好了埋伏，韩信一进来，兵士们一拥而上，就把韩信捆了起来。吕后没有请示也没有汇报，当机立断，先斩后奏，在长乐宫一个放编钟的房子里把韩信杀了，并灭了三族。

一个为汉王朝建立立下汗马功劳的有功之臣就这样被杀了。那么，这次韩信是真的谋反吗？对《史记》的这段记载，不少研究者认为有很多漏洞，对韩信的死扼腕叹息。而吕后此时的表现既是果决，也是狠辣。

我们再来看一件事。

根据史书记载，刘邦生前曾三番五次要让宠妃戚夫人生的儿子赵王刘如意顶替刘盈的太子位，后因多种原因而作罢。刘邦死后，吕后为了巩固儿子的帝位，毫不犹豫地杀死了赵王刘如意和戚夫人。应当说，这两人的死记在吕后账上，大体不会有错。吕后可是连韩信都敢杀的，杀手无寸铁的孤儿寡母又算什么！

但是，心狠手辣的吕后也未必不会蒙冤。

史书说：吕后毒死赵王刘如意后，先是下令把戚夫人的手足砍去，然后又让人挖掉戚夫人的眼睛。吕后还不肯罢休，又命人用毒药熏聋戚夫人的耳朵，强行给她灌下不能说话的哑药。经过这样一番灭绝人性的残酷折磨，吕后还是不解恨，又命人将已经没有了手足、不能动弹、双耳听不见、两眼看不见、浑身上下血肉模糊的戚夫人，扔进厕所，称为“人彘（意为猪）”。然后还让自己的儿子汉惠帝刘盈来看。结果，惠帝放声大哭，一病不起。他说：“这不是人干的事情！我作为太后的儿子，是没法治天下了！”

这我们就该问一句了：吕后有必要这么做吗？

此时，宠爱戚夫人的刘邦早已死去，赵王刘如意也已死于吕后之手，戚夫人还能对吕后构成什么威胁吗？过去都不可能，现在就更不可能。对于毫无反抗能力的对手，犯得着下如此毒手吗？有人说这是在泄愤——泄当年刘邦宠爱戚夫人冷落自己之愤。

可是，就算是泄愤，又何必一定要让自己的亲儿子来目睹如此惨状呢!?

公元前 180 年，吕后病死，终年六十二岁，与汉高祖刘邦合葬于长陵。吕后陵位于刘邦高祖陵的东南，封土形状与高祖陵相同。虽“同茔不同穴”，却共用一个陵园。

由于建筑在渭水北岸的高原边缘，陵地远望如同山丘，显得异常雄伟，像极了这位在历史上永远都不会被忘记的女性！

第二章

仁君治天下

幸运地来到世上，幸运地成为皇帝

一个人要成功，运气有时真的很重要，不信您去问问刘恒……

吕后去世后，刘家天下落到了汉文帝刘恒的手里。

说起汉文帝刘恒的出生，倒还有些曲折。他的母亲姓薄，早年曾嫁给魏王魏豹。魏豹为刘邦所败后，薄氏以罪臣之妻的身份被罚入汉宫，成为织布房中一位身份卑贱的女工。有一次，刘邦闲逛到了织布房，见薄氏有些姿色，就把她要进了后宫。薄氏由此成为薄夫人，但刘邦很快就把她忘了个一干二净。

一年以后，不知因为什么原因，刘邦忽然心血来潮，又想起了薄氏，于是把她叫来宠幸。谁知这一幸，薄夫人居然就怀了孕，并于公元前 202 年生下刘恒。

然而，虽然如愿生了皇子，薄夫人的地位却并没有多大提高，甚至连妃子都没当上。而刘恒因为母亲的原因，自然也不被刘邦喜爱。但是这样的遭遇却最终成就了刘恒。所以，人们常说的“要坐金板凳，先坐冷板凳”确实有它的道理。

母子二人一直在宫中小心谨慎地生活着，刘恒也就在朝臣的眼里留下了一个“贤智温良”的印象。

公元前 196 年，通过萧何等三十三位朝臣举荐，七岁的刘恒总算时来运转，被封为代王。刘邦死后，实际的掌权者吕后倒很同情薄夫人，让她去代地陪伴儿子。

薄夫人和刘恒本以为此生必定老死边陲，可是，人生总是充满着不确定性。

就在刘恒成为代王的第十六个年头，执掌汉室大权多年的吕后病逝。

此时的吕氏家族，尽管经由吕后十多年的经营，已基本把持了朝廷大权。但姜还是老的辣，那些追随刘邦一生且一心维护刘家天下的老臣，如陈平、周勃、灌婴等人，充分运用自己娴熟的政治手腕发起行动，三下五除二就将吕氏一族清除，连吕后拥立的少帝刘弘也被废黜。

这个时候问题来了：吕家已倒，刘家宣告翻身，可是谁当皇帝呢？

按照皇室传承的规矩，皇位自然要子承父业。在吕后的血雨腥风下幸存下来的刘邦的皇子，此时只剩下了淮南王刘长、代王刘恒两人。当然也可以隔代继承，即从第三代里选一个接班人。这样一来够资格的就只有一人——齐王刘襄。刘襄是刘邦的长孙，而且在平灭吕氏一族的过程中起到过关键作用，如此居功至伟的人物，要接班可说名正言顺。

但其实刘襄的问题很大。首先是他手握精兵，实力强，势力大。作为功勋卓著的三朝元老，陈平和周勃他们希望自己拥立的新君最好能与群臣和谐相处，实现此刻的平稳过渡、将来的君臣共治，不希望这个新主子是能够骑在自己头上的强势皇帝。其次，刘襄的家世也成问题。他的亲弟弟刘章，娶了吕后的侄孙女，也就是说他们家与吕家是儿女亲家。而刘襄本人的母舅一脉，更不是省油的灯：他的母家驷氏是山东当地大族，势力根深蒂固不说，也是以凶狠横暴著称，整个儿一山寨版的吕家。这样的人登了大位，恐怕又要重演吕家专权的噩梦。

至于淮南王刘长，那更没法考虑，因为他一直由吕后抚养长大，而且年纪轻轻就成了一个贪图享乐的花花公子。

既如此，父死子继，国赖长君，刘恒自然成为不二人选。刘恒是刘邦的亲儿子，本人没有劣迹，他的母亲薄夫人也是出了名的老实人。更关键的是，这娘儿俩无根无基，平日里也低调。刘恒上了台做皇帝，看似也好控制。

就这样，这位刘邦健在时最不被待见的儿子，成了新皇帝。俗语云：“祸兮，福之所倚；福兮，祸之所伏。”刘恒的人生经历是对这句话最好的注脚。

不过，一开始面对这天上掉下来的馅饼，刘恒自己并不是很高兴，相反这使他起了疑心。

这也不奇怪。别人流汗流血的时候，你不在场，既未冲锋陷阵，更未建立寸功,那么在论功行赏的时候,凭什么就把最大的一块元宝给你?

所以，刘恒觉得其中必有蹊跷，并没有贸然行动，而是决定用占卜来预测吉凶，结果得到了一个吉卦。但刘恒还是有些担心，在向国都长安进发的过程中仍然步步小心从事，生怕一不小心命丧黄泉。他先是派舅舅薄昭到长安探听虚实，然后在离长安城五十里的时候，又派属下宋昌先进城探路。在确定一切无异常后，刘恒才在陈平等众大臣的拥戴下平安地住进了未央宫，成了这所宫殿的新主人。

从此，中国历史进入汉文帝刘恒的时代。他的经历也告诉我们，懂得弯腰、学会低调做人，确实是一门高明的处世之术。

老臣也得听我的

巩固皇权，汉文帝在行动……

因为皇位得来不易，刚刚君临天下的汉文帝刘恒首要的任务就是巩固自己的皇权。为此他采取了一系列缓急得当、有条不紊的措施，取得了明显的效果。

汉文帝清楚地知道，要做的第一件事就是掌控兵权。在他登基的当天晚上，就雷厉风行地做出许多重大的安排。他首先控制了京城和皇宫的军队，任命自己的亲信宋昌为卫将军，镇抚南、北二军（南北军是汉朝京师的禁卫军，南军守宫城，北军守京城）；任命张武为郎中令，巡查保卫皇宫，确保皇帝的人身安全。

将军权掌控在手，就算老臣如周勃、陈平等也不敢恃功放纵，而是只能乖乖地听命于皇帝的安排。

舆论的重要性汉文帝也很清楚。由于下层官员和民间还不知道汉朝已经有了新的主人。于是，汉文帝决定昭告天下，宣布新帝已经即位，祸害国家的吕氏集团已被彻底铲除；将赐恩于黎民，大赦天下囚犯；允许全国百姓聚会欢娱，以庆祝新帝登基。这样，文帝登基的消息马上传遍了全国。

由于文帝是汉高祖刘邦的亲子，加之其“贤智温良”的名声天下人也早就时有耳闻，因此，诏书一发，便得到了各地百姓的支持。这样，不但汉文帝的地位得到了巩固，风雨飘摇了多年的刘氏江山也巩固下来了。

汉文帝初登皇位，天下之所以没有出现诸如他上台是“发动政变”之类的谣言，就是因为他及时发布了诏书。

不过，抓住了军权和舆论并不代表汉文帝就可以高枕无忧了。相反，他更加忧心忡忡。

汉文帝深知，自己在朝廷中势单力薄，缺乏雄厚的政治基础，而诸侯王们的势力却在不断壮大，变得日益骄横。如果自己稍有不慎，手中的权力就会是一个中看不中用的肥皂泡，弄不好还会让自己和母亲坠入万劫不复的深渊。为此，他决定采取恩威并用的手段来巩固自己的皇权。

汉文帝首先要做的，就是对拥立他做皇帝的功臣们一一赏赐，封官晋爵。其中，就功劳而论，无论是诛灭诸吕还是拥立新帝，周勃都是首功，所以，文帝在周勃原先绛侯的基础上加封一万户食邑、赐金五千斤。另一个大功臣陈平也说周勃功高，并以托病的方式将右丞相的位置让给周勃。

汉文帝于是让周勃担任右丞相，陈平担任左丞相（汉时以右为上，左丞相相当于副职）。周勃原先担任的太尉（全国最高的军事长官）之职则由灌婴担任。当然，这也可以说是一种互相牵制的策略。

之后，文帝恢复了刘氏宗族在吕后当政时期被削夺的封地和其他利益，还给曾随从刘邦夺取天下的列侯、官吏提高待遇。这些人自然就迅速地聚集到他的周围。

文帝当然也不会忘记与他在代地共渡难关的亲信们。他陆续安排这些人担任朝廷重臣：文帝的舅舅薄昭被封为车骑将军，封轵侯，位列三公之侧；除了宋昌、张武外，陪同文帝一同进京的侍从有人官至九卿。文帝的皇位在逐渐稳固。

右丞相周勃自恃拥立文帝有功，每次朝会结束离去时，总是迈着螃蟹步，眼望天花板，一副牛哄哄的样子。文帝呢，却对周勃极为有礼，经常目送着他走出了视线方才转身。

有大臣看不下去了，就劝文帝说，您是君，周勃是臣，这样不合适。于是文帝听从了意见，以后再见到周勃时就表现出皇帝的威严，渐渐周勃开始敬畏汉文帝了。

有人也提醒周勃，功高震主。一次，在朝廷上，周勃不能回答文帝关于政务的提问，留下了“汗流浃背”这个成语。过了不久，周勃辞去了右丞相的职务。

一年后，陈平去世，文帝再次任命周勃为丞相。但十几个月后，因为“列侯就国”，周勃又被免除相职。

当时，列侯们住在京城长安，而没有去封地，这给京城的粮食供应增加了很多负担，同时也给朝廷带来了不稳定因素。所以，汉文帝就下诏，命列侯们都到自己的封地去生活。即使获朝廷恩准留在京城，也要将自己的儿子派到封地去。但很多人仍然找各种各样的借口留在京城，这让汉文帝极为恼火，他决定给这帮不听话的家伙一点颜色看看。

汉文帝把周勃找来，对他说：前一段时间我颁布了“列侯就国”的诏令，但有的人还没走……丞相是我最器重的人，今天就请丞相做个表率吧。

皇帝发话了，周勃哪敢不从，于是免去相位去往绛县。其他人一看，也纷纷离京而去。

再后来，有人上书说周勃要造反，文帝就把他抓进了监狱。幸亏周勃与汉文帝的舅舅薄昭有些交情，便通过薄昭向文帝之母薄太后求情。薄太后相信周勃不会造反，她说：“绛侯怀揣皇帝玉玺，统率长安北军的时候不造反，如今在一个小县里反倒会造反了？”文帝听后，这才放了周勃，恢复了他的爵位。

“汉文帝远周勃”的故事，讲的就是这件事。周勃在孝文帝十一年去世。

缇萦救父

班固曾说：“百男何愦愦，不如一缇萦。”可见这位小姑娘一定不一般……

汉文帝反思和总结秦朝二世而亡的教训，深知百姓生活苦乐对社会安定的意义。他认识到肉刑既不人道也不利于政权的稳固，于是就给废除了。不过，这件事还与一个叫缇萦的小姑娘有密不可分的关系。

缇萦的父亲淳于意是临淄人。他自幼喜欢医学，曾拜同乡人阳庆为老师，得到了古代医学家传下来的治病秘方，能够通过观色预先断定病人的生死。由于他替人治病很有把握，因此出了名。后来他做了齐太仓县的县官，也算是个清官。可他一向不愿意受拘束，还喜欢外出游玩，所以辞了官职，仍旧做医生。

有一天，一个大商人家里的姨太太患了病，请淳于意医治。那女人吃了药不见好转，过了几天死了。大商人就告淳于意是庸医杀人。结果在官商勾结下，当地官吏把淳于意判成肉刑。因为淳于意曾经做过县官，按照当时的法律，要送到京城去受刑，所以淳于意要被押解到长安。

淳于意有五个女儿，没有儿子。他临走的时候，姑娘们耷拉着脑袋只是哭。淳于意便叹着气说：“唉，生女不生男，有了急难，一个有用的也没有！”

听了父亲的话，小女儿缇萦既伤心又难过。她问自己：“为什么女儿就没有用处？难道我就不能替父亲做点事情吗？”于是决定跟着父亲一块儿上长安去。

淳于意不愿小女儿跟着他受苦，劝她留在家里。押解的官差也不愿意带上小姑娘，因为会多个累赘。但缇萦不依，寻死觅活地非去不可。官差怕罪犯没送去先出了命案，只好带上她。

等到了长安，缇萦立刻来到皇宫门口嚷着要见皇帝。守卫宫门的人自然不允，不过也没将她逮捕，而是在听了她的诉说后，答应将她的上书按程序转送上去。

这上书还真到了汉文帝手里，文帝展开一看，只见字写得不好，可是挺感人。只见上面写道："我父亲是个清官，如今被判处肉刑。我不但为父亲难过，也为所有受肉刑的人伤心。一个人被砍去脚或割去了鼻子就成了残废，以后就是想改过自新，也没有办法了。我情愿给官府做奴婢，替父亲赎罪。"

汉文帝看了信后，十分同情这个小姑娘，同时也觉得她说得很有道理，就召集大臣们说："犯了罪该受罚，这是没有话说的。可是受了罚后，也该让他能重新做人才是。现在惩办一个犯人，在他脸上刺字或者毁坏他的肢体,这样的刑罚怎么能劝人向善呢？你们商量一个代替肉刑的办法吧！"

大臣们一商议，拟定了几条办法：

一是废除脸上刺字的肉刑，改为服苦役；

二是废除割去鼻子的肉刑，改为打三百板子；

三是废除砍去左足或右足的肉刑，改为打五百板子。

汉文帝表示同意，随即下了一道诏书，正式废除肉刑。一般认为，汉文帝废除肉刑，是中国古代进入封建刑制的转折点。

我们也应该为缇萦的勇敢和她为了救父亲不惜一切的精神鼓掌。因为这种精神就算在今天，也闪耀着人性的光辉。

汉文帝还对汉朝的其他刑罚进行了改革。总的来说，汉文帝所进行的一系列的刑制改革具有重大意义。它在一定程度上尊重了人权，维护了人的尊严，从而促进了社会的进步。无疑，这是汉文帝留给中国历史的财富之一。

百姓过上了好日子

全心全意蓄养农耕，真心真意薄赋富民，汉文帝是个明白人……

传统中国向来以农立国，因此一切政治、经济活动都以农业发展为立足点。汉高祖、汉惠帝、吕后都致力于发展农业生产，稳定社会秩序，收到了显著的成效。不过到汉文帝即位后，生产虽为上升趋势，但国家仍无积蓄可恃，百姓仍处于困难境地。

与此同时，随着社会生活渐趋稳定，一部分人尤其是有钱人却已经开始喜欢上了消费。在他们的带动下，整个社会的奢靡之风有渐长趋向。更要命的是，由于有钱人多是生意人，而且做生意相对钱来得快。谚语说“以贫求富，农不如工，工不如商”，弃农经商的诱惑力很大。

情况似乎不太妙，“喊破嗓子，不如做出样子”，在大臣的启发和建议下，汉文帝恢复了始于商代的“籍田”制度——在春耕前，文帝亲率大臣们去农田示耕，并祭祀先农。带头给天下做出一个耕种的榜样。

难能可贵的是，汉文帝是真的带领大臣包耕了一块土地，生产供祭祀用的粮食；皇后也参加劳动，每年要亲自率领宫女们采桑、养蚕，生产蚕丝，作为祭服的材料。这在历朝历代中是十分罕见的。

汉文帝为进一步刺激农业生产，再下诏书对农民施行了更宽松的让步政策。诏书说：“农，天下之大本也，民所恃以生也，而民或不务本而事末，故生不遂。朕忧其然，故今兹亲率群臣农以劝之。其赐天下民今年田租之半。”声明农业是根本，减半当年田租做奖励。

汉文帝的行为，引起了全社会对农业的重视。他的“籍田劝农”的措施很快收到了良好的效果。粮食此后逐年增产，人民的生活水平有了明显的提高。

可是后来，一些地方官吏在思想上对重农又有些放松。汉文帝于是在公元前168年又下诏劝农。诏书称“岁一不登，民有饥色”，这应该反映出一定的实际情况，也就是说远没到可以放松的时候。诏书对各级官吏的不作为提出严厉批评。

在汉文帝的不断督促下，各地的荒地被大量地开垦出来，粮食连年增产，为太平盛世打下了坚实的物质基础。

农业的恢复和发展必然促进商业的恢复和发展。但一些不法商人囤积居奇，坐地贩卖，操纵物价，放高利贷，严重影响了生产、生活秩序。

这时候，晁错又向汉文帝提出了“贵粟”的建议。其内容主要是：开明的君王看重五谷，看轻金玉。现在农民整年勤劳，不得休息。可因为粮价太低，农民无钱，只得拿出加倍的利息向商人借贷。大商人囤积货物并放贷，小商人坐在市上贩卖。他们趁农民急需货品的时候，抬高物价，加倍取利。他们男不耕种、女不纺织，却穿着绣花的衣服，吃着大鱼大肉。农民们吃尽了苦头，到头来为了偿还债务，却要出卖田地、房屋和子女。商人有了财富，又去结交王侯，官商勾结，势力越来越大，农民越来越惨。出现了“法律贱商人，而商人已富贵矣；尊农夫，农夫已贫贱矣”的现象。现在最关键的事情是鼓励农民耕种，要使农民注重耕种，就必须“贵粟”。最好的办法是拿粮食作为赏罚。比如说，拿出粮食来的，并且是向边塞输粮，可以得到爵位，可以免罪。那么，富人想得到爵位，就得向农民买粮。这样一来，就富人有了爵位，农民有了钱，国家有了粮。

晁错的建议简单点说，就是只要实行了“贵粟”政策，就可以使重农、尊农的措施落到实处。当然，这样的“以粮换爵”带来的问题也是我们需要注意的地方。

汉文帝听从了晁错的建议，“令民入粟边，六百石爵上造。稍增至四千石为五大夫，万二千石为大庶长。”粮食的身价很快高了起来。

在“贵粟”的同时，汉文帝继续实行“轻徭薄赋”的政策。文帝十三年，竟然下诏全免天下农民的田租。而且，这次免田租的时间长达十几年，至景帝二年才恢复田租，三十税一。

汉文帝还将算赋（对成年人的丁口税）由原来每人每年交纳一百二十钱，减为四十钱；将成年男子的徭役改为每三年服役一次。

如此“轻徭薄赋”，在古代中国是极为罕见的！

粮食的价格升高，国家库存粮食大增。轻徭薄赋又使得农民手中的粮食增多，经济情况好转，生活水平有了较大程度的改善，从而更加刺激了农民劳动生产的积极性。

在受到水旱疾疫蝗虫等天灾侵害，粮食收入大大减少时，汉文帝深为忧痛。为战胜天灾，稳定农业生产，文帝下令群臣查找天灾频降、农业歉收原因。并首先反躬自问：是否因自己的政有所失、行有所过，遭到天谴？或者百官俸禄过高，无用的事做得太多？他与丞相列侯等计议，凡有可以帮助摆脱困境的建议，均会一一说出来，没有隐瞒。由此可以看出，汉文帝始终把百姓吃饭问题作为头等大事。

总的来说，汉文帝实施的政策，适应了当时的客观环境，所以极大地促进了经济的发展。发展到什么程度呢？司马迁的《史记》记载说，国库里的钱多得都不知道怎么花，多年花不出去，串钱的麻绳都烂掉了，搞得无法统计，朝廷也不知道自己有多少钱；国家储备粮库里的粮食堆了一层又一层，堆在最里面的，以及堆不进去露天放置的，都慢慢地腐烂没法吃。不仅是国家储备粮库，各郡县的仓库也都满着。百姓当然也过上了好日子。

以修为得人心

作为一个封建帝王，汉文帝刘恒在自身修为上也深得人心……

汉文帝刘恒不仅治国有方，开创了“文景之治”的盛世，而且在自身修为上也深得人心。这在他的节俭和孝行上体现得最为明显。

历代统治者中，提倡节俭的皇帝并不是没有，但能达到汉文帝这样程度的不多。

他迁入长安未央宫之后，宫殿、皇苑等都是使用以前留下来的，从来没有因为自己是新君，就大肆翻新甚至推倒新建。

他平时穿的都是质地粗厚的丝织衣服。自己穿了二十年的袍子，舍不得丢掉，还要补起来穿。对所宠爱的妃嫔，也不准穿长得拖地的衣服。就连使用的帏帐也有规定，不准绣彩色花纹。

据说文帝寝宫里的帐帷数年不曾更换过，宫中的侍女们见帐帷实在太旧了，就偷偷地换了下来。文帝看见后，责备说奢华的锦缎会让人忘记简朴的本分，旧了的帐帷拆下就失去了它的用途，还是把它继续挂在原处好。宫女们只得照办。

在文帝的带领之下，后宫上至皇后、下至普通侍女都养成了简朴的习惯，所用衣服、器物等没有任何奢侈攀比之风，据说单脂粉钱每年就能给国家节省数十万钱。

文帝还规定，建造他的陵墓霸陵，一律用瓦器，不准用金银铜锡等金属做装饰，依靠山势，不修高大的坟。

就连他办公及娱乐的场所，文帝也没有做奢侈之想。文帝有一次曾想兴修一座既可办公又可宴饮的“露台”，在动工之前召来工匠计算工程造价，得知需要“百金”的费用后，文帝立即决定停止这一工程。他的理由是：“百金，是中等民户十家的资产。我居住在先帝的宫室之中，尚且时常担忧自己的行为使宫室蒙羞，为何还要新建露台而耗费民脂民膏呢？”在汉文帝的带动下，可以想见，当时各级官府的办公场所应该也以简朴为主。

对于一个贵为九五之尊、富有四海的皇帝来说，能够如此节俭已经很难得，然而文帝的简朴还不止这些。

有一次文帝出游，随从的官员、仪仗队和护卫甚多。文帝坐在龙辇上，忽然听到不远处有好几个地方都有马在嘶叫，但却没有任何人说话。

文帝觉得很奇怪，就下车观看。只见有好几匹马跑到了附近的农田里，马仆正忙着将它们牵回，因为害怕惊动皇帝，所以大家都不敢大声言语。

文帝问是怎么回事，近侍回答说是备用的马挣脱缰绳跑掉了。文帝很生气，责问说，一次出行，为何要带这么多备用之马？他当即下诏清点皇宫和朝廷各部门的公用马匹，除必须之外，多余的一律送到驿站使用。

随即，文帝又下命令，此后皇帝出行司仪之官只需保证安全即可，不必摆排场，也不要骚扰百姓。并严令各地各级官员也要节省，不得加重百姓负担。

遍观整个中国封建王朝历史，一些皇帝为了满足自己的欲望和奢华生活的需要，不知压榨了多少百姓的血汗钱，害得多少人家妻离子散。这其中的不同折射出的恰恰是汉文帝的可敬之处。

就连快逝世时，汉文帝也不忘节俭。他在遗诏中说：“我听说天下万物萌芽生长，最终没有不死的。死是世间的常理，事物的自然归宿，有什么值得过分悲哀呢！当今世人都喜欢活着而不乐意死，死了人还要厚葬，以致破尽家产，我认为很不可取。”一再叮嘱丧事从简。

在汉文帝的带动下，当时的官吏也相对清廉，从而使当时的社会风气崇俭尚德，为“文景之治”的形成奠定了良好的社会基础。

除了节俭，汉文帝的孝行也值得称道。

“孝”是中华民族的传统美德。以仁德著称的汉文帝，不仅在治理国家、发展生产、安抚百姓上做得相当不错，在做儿子方面，也罕有皇帝能相比。

汉文帝自幼和母亲薄太后居住在偏远苦寒的代地，母子二人相依为命，在相互扶持中度过了最艰难的时光。文帝即位后，作为母亲她成为“皇太后”。但因为当时初登帝位还不是很稳固，怕累及母亲，文帝没有立即把她接到皇宫居住。等他巩固了帝位，精心打理好一切后，就马上派人去迎接母亲。

据说，刚一开始，薄太后并不情愿。文帝无奈，只好在太后居住地建一高大木塔。思念母后，就登上京都高处，极目北望，见塔如见亲娘。该塔后来被人称作“望母塔”。今天，在陕西礼泉烽火镇，“望母塔”三字在塔北门之上清晰可见。

后来，薄太后终于入住皇宫后，文帝无论政务多么繁忙，都要早晚前去请安，该有的礼仪礼节从不偏废。

除了礼仪礼节外，文帝对于母亲日常生活的照顾也从不怠慢。

据说，薄太后身体虚弱，常患病，有一次居然连续三年都卧病在床。人们常说“久病床前无孝子”。可在这三年里，文帝每天除了勤理朝政外，下朝后便衣不解带地陪伴在薄太后病床前。给太后煎好的汤药，他总要亲自尝一尝，看看汤药苦不苦、烫不烫，自己觉得差不多了，才给母亲喝。

文帝的孝顺之心不只表现在侍奉母亲上，对于其他长辈也是如此。民间传说，文帝即位之后还将薄太后的母亲、自己的外祖母魏老夫人接入皇宫中居住，但老人在江南水乡自由自在惯了，总觉得皇宫过于拘束和沉闷，常常思念家乡，久而久之就病倒了。文帝听说后，便从自己的日常用度中抽出一部分款子，在宫外修建了一座类似江南景色的园林，然后请外祖母前去游玩，老人家果然高兴起来，不久病也好了。后来，她干脆居住在这座园子里。薄太后时常去探望自己的母亲，每次都带一些宫中佳肴、点心，以尽孝心。有一次，薄太后带来一些烤饼给母亲，老夫人一尝，又酥又香，特别高兴，连说好吃。文帝听说后，就专门派御厨去为外祖母做烤饼。后来这种烤饼流传到民间，被人们称为“太后饼”。当然，这件事更多是传闻，但文帝的孝顺是众所周知。

公元前157年，文帝先于薄太后离开人世。临终时，他对于让母亲“白发人送黑发人”的“不孝”深为抱憾，反复嘱咐身边人一定要对薄太后尽孝。他要求将自己的陵墓照“顶妻背母”的方式安置。意思是让自己死后也要是背着母亲的样子，以赎自己未能亲自给母亲送终之“罪”。

回望薄太后的一生，有过困苦和不幸。然而，她又是世间最幸福的母亲，因为她有一个好儿子——刘恒。

“有子如此，夫复何求？”

汉文帝不但自己终生孝顺母亲，还以身示范，做好天下人的楷模。他常对大臣们说：“父母是我们的生命之源，给我们衣食之需。父母年老了，我们哪有不孝顺的道理呢？那是天理不容的！”

汉文帝还颁布诏令说：“人老之后，没有足够的衣服就不能御寒，没有足够的食物就不能充饥，但为人子女者，有孝心却缺衣少粮的不在少数，国家应该尽量帮助他们。”于是他责令有关部门制定具体的措施，对于年龄达到八十岁以上的老人，要由县里的人员每月按时送去肉二十斤、米一石；对于九十岁以上的老人，要由县里官员亲自去送，还要再加送一些帛絮等。

在古代中国，这可能是最早的关于老年人的福利赡养制度。也许有人说，这不过是汉文帝为了安抚百姓、稳定天下所采取的措施而已。但这一制度确实体现了汉文帝的仁孝之心、爱民之心。况且，这一制度让老百姓得到了实实在在的利益，人们希望它越多越好。

正是由于汉文帝的勤俭自律和厚德仁孝，在他统治时期，朝廷空气相对清明。也正因为如此，汉文帝不但在政绩上得到了后人的赞誉，他的人格魅力也同样为后人所敬仰。下面这个故事或许更能让我们领略一代明君的伟大：

传说，西汉末年，赤眉军攻占长安后，战乱导致西汉皇帝的陵墓被开启盗掘一空，但是唯有汉文帝的霸陵未被破坏。传说，这是因为大家都知道汉文帝的故事，深为他的品行所感动，所以才做出了如此的举动。

汉文帝之得民心，由此可见一斑。

第三章 大乱后的大治

被饿死的首富

富可敌国，也会被饿死吗？当然会……

文帝后元七年（前 157 年），受人爱戴的汉文帝驾崩，太子刘启即位，是为汉景帝。

文帝驾崩前，国事已无所担忧，因为能安排的都已安排好，安排不了的，也只能看儿子的造化了。唯一让他放心不下的，是一个叫邓通的人。为此，他临死前拉着儿子刘启的手一再地说："善待邓通……"

刘启磕头如捣蒜，文帝这才瞑目而逝。然而，刘启即位后，仅仅过了三个月，他就毫不犹豫地将邓通置于死地。

邓通何许人也？为何英明如文帝死时要专门交代儿子善待他，而景帝却又为何违背父亲的遗训执意要他的小命呢？

说来话长。

邓通是蜀郡南安（今四川乐山）人。读书不成的他，却喜欢去水里摸鱼捕虾，一来二去，还真练出了一身水上本领，特别是会划船。

凭借划船的本领，邓通得到了一个叫黄头郎的职务。黄头郎这个名字听起来似乎"高大上"，其实不过是掌管行船的小吏而已，因头戴黄帽而得名。

如果没有一番奇遇，仅凭邓通自己是没有出头之日的。不过有时人的运气来了，门板也挡不住。邓通居然年纪轻轻就遇见了一个"贵人"，而这个贵人恰巧还是当今皇上。

问题是，一个小小的黄头郎怎么能攀上皇帝这个九五之尊的贵人呢？

一切都源于一场梦。

汉文帝虽然贵为天子，却和普通百姓一样，爱做梦也迷信梦。有一天晚上，他梦见自己登天，在只有一步之遥时，却始终上不去。正在着急之际，突然有一个黄头郎从背后推了他一把，文帝才得以登上了天庭。感激不已的文帝回头看了一眼那个推自己的人，只见此人衣衫的横腰部分衣结在后。文帝正想叫住他，却被鸡鸣声吵醒了。

能升天成仙那多好啊，这不是所有统治者都梦寐以求的事吗！于是，文帝一边高兴一边寻思："此人既来助朕，一定是股肱之臣，我一定要找到他。"从那之后，文帝就注意留心观察。

没过几天，文帝出游，来到河边渡口的时候，遥遥望见有人正在那里驾船靠岸。文帝见那人黄帽短衫，正与梦中所见相符，心里不禁暗喜。他登上船，又见此人将衣带结于背后，且很像助他登天之人，于是将他叫来，一问名字，才知道叫邓通。

东汉许慎《说文解字》说，邓字"从邑，登声"。"邓通"不正是"登天必通"的谐音吗？邓通者，登通也！文帝心想，此人名字竟与梦境一样，他既然能把自己推上天，必定是个奇才。

于是，文帝认定此人便是助自己登天的功臣。再看邓通模样，又是十分俊俏，当下很是喜欢，立即赏了他很多财物，还把他留在了身边。

幸福来得实在太突然，邓通直到把自己的大腿掐出血印来，才相信这一切是真的。后来，他通过文帝身边的太监，知道了文帝做梦的事。他心里当然明白，自己哪有助了皇帝登天一臂之力，完全是皇帝陛下一厢情愿罢了。自个儿有几斤几两，自己还不清楚吗？因此时时事事小心谨慎，除了做好本职工作外，每天夹着尾巴做人。

文帝看在眼里，喜在心头，认为邓通老实本分，为人低调，更加觉得这个人可靠。于是愈益宠信他，还封他为上大夫。

过了一段时间，文帝让擅长相面的人给邓通看相。相者看了后说："邓通这个人将来要贫饿而死。"

此时的汉文帝对邓通已经喜爱到什么程度呢？用司马迁在《史记》里的话说就是"尊幸之，日日异"，天天都变着花样宠他。因此听了这样的话后，文帝生气地说："有我在，怎么会叫他受穷呢？"于是下令把蜀郡严道（今四川荥经）的一座铜山赐给邓通，允许他自己铸造铜钱。

有了“印钞机”，还愁没钱吗？邓通立刻开足马力铸钱。不久，“邓氏钱”便遍布天下，邓通自然富得流油，一跃成为西汉首富。

邓通对于文帝的宠爱可谓感激涕零，总想着要报答皇帝。后来，文帝背上生了一个脓疮，脓血流个不停。当时医治此病的一个方法是将红肿溃烂处的脓血不断吸吮出来，一方面可以减轻患者的疼痛，另一方面也可将毒血吸出便于医治。所以，邓通就常常为汉文帝吸吮患处的脓血配合治疗，文帝为此非常感动。

有一天，邓通给文帝吸完了脓血，文帝问他：“朕贵有天下，那么你说说天下谁最爱朕呢？”

邓通献媚地回答说：“皇上为人君，亦为人父，最爱皇上者，自然是太子了。”

文帝听了以后没有说话，后来太子刘启进宫来问安侍奉，文帝便叫儿子给他吸吮脓血。刘启无奈，跪在榻前，对着文帝溃烂的疮口，勉强把嘴巴凑上去。可是刘启自幼娇贵，哪里受过这样的委屈，嘴还没碰到疮口，已经露出了为难的样子。

文帝看见刘启这副模样，不由地感叹道：“还是邓通比太子更爱我啊！”

刘启听了心中感到很惭愧，跟邓通的仇也从此结下了。

刘启即位为景帝后，很快下了道诏书给邓通，大概意思是这里没有你的位置了，你还是歇会儿，回家休养身子吧。

邓通回了家，但不久即有人告发邓通偷偷在塞外铸钱，邓通很快就被投入大牢。

落井下石似乎也是许多人的本性。邓通倒台的消息传出后，从前跟邓通有过节的人便趁势揭发他，不日关于邓通罪行的上书就像雪片一样飞到景帝的龙案上。

邓通的犯罪被证实，景帝大怒。囿于先皇临终嘱咐，景帝没有直接处死邓通，而是贬为庶民，没收所有家产，一根簪子也不给他留。

一代红人兼首富瞬间变成了穷光蛋，只有景帝的姐姐长公主刘嫖因为文帝善待邓通的遗愿而不时赏他几口饭吃。最终，邓通是不名一文地寄食在别人家，直到死去。其状之惨，让人唏嘘不已，也当真应验了那位相者的预言。

强硬削藩对吗？

在错误的时间做了看起来正确的事，结果可能不妙……

文帝时期，有效巩固了皇权，削弱了功臣和外戚的势力。然而有一个危险因素始终存在，那就是刘姓诸侯王的宗室力量。

刘姓诸侯王源于刘邦的分封。

汉王朝建立后，刘邦虽然意识到郡县制的好处，但是在总结秦亡的教训时，他认为实行郡县制，导致王室无人拱卫也是关键因素之一。因此，他相继册封了九大同姓诸侯王：荆王刘贾、楚王刘交、齐王刘肥、代王刘喜及吴王刘濞、淮南王刘长、赵王刘如意、梁王刘恢、淮阳王刘友、代王刘恒。这其中，刘贾是刘邦叔父之子，刘交是刘邦的弟弟，刘喜是刘邦的二兄（刘濞是刘邦的侄子），其余都是刘邦的儿子。

诸侯王掌控的土地面积很大,而且诸侯王在其土地上的权力也很大。他们是自主的，按照刘邦分封时的规定，各诸侯王要“掌治其国”。在行政建制上，诸侯王主持的是一个具有中央政府雏形的行政系统，也设丞相、御史大夫和其他官吏。

在刘邦和吕后时期，这些刘姓诸侯王受制于实力和血缘关系，当然不敢造次，朝廷的权威能得到保证。到了汉文帝时期，虽然双方大致也能保持着风平浪静的关系，但文帝在贾谊的启发下，已经意识到了诸侯王尾大不掉的危险。

贾谊认为，当时汉廷的主要危险，是北方的匈奴和这些诸侯王。这些诸侯王虽然都是同姓，却不等于不会谋反。最好的办法，是“众建诸侯而少其力”。也就是说，将各个诸侯王的势力拆开、分散，也就翻不起大浪了。

不难想象，这种做法只要持之以恒，宗室的危险就会最终消除。可惜这一方针却遭到了破坏，以致酿成了“七国之乱”。

破坏文帝方针的人，是晁错。

晁错，颍川（今河南禹州）人。与贾谊一样，是当时颇有声望的士人。

晁错最为人称道的是，他曾针对匈奴经常性的侵扰提出了“募民实边”的建议。

匈奴常来劫掠，而他们一来，为了对付他们，农人不得不放下地上的活，商人不得不停下手头的生意，军人不得不背井离乡，甚至皇帝都不得不亲征……如此一来，上上下下手忙脚乱，心躁不安。

那么，怎么才是好的应对之道呢？

晁错认为，最好的办法就是鼓励百姓搬到边塞居住。鼓励的办法则是，搬迁的吃穿住行无偿赠送。同时，奖励百姓开垦边塞，免其税赋。还有更诱惑的条件是，只要愿意搬往边塞，有罪者，可赦其罪；无罪者，可赐爵。这样，边塞居民，春来劳作，闲来唠嗑，睡时枕戈；战争一旦爆发，则能够立刻化身为战士，保家卫国。

如果我们看看后面的中国历史，就不能不感叹晁错的远见卓识：他的“募民实边”，沿袭到后世，几经改革之后，就成了历代王朝都极为推崇的治边政策——“屯垦戍边”。

汉文帝也极为欣赏晁错的才能，对他提出的包括“募民实边”在内的诸多建议全部采纳，颁布实施。

不过，与才高八斗相随的往往是恃才傲物，晁错也不例外。为此，他让勋贵和诸侯王们很不满。

汉文帝一直很清楚晁错的长处和短处，让他做儿子刘启的老师，似乎想将这位大才留给儿子用。由于晁错能言善辩，善于分析问题，深得当时已成为太子的刘启的喜爱和信任。

文帝驾崩，刘启继位为景帝后，视晁错为第一智囊，对他言听计从。晁错也投桃报李，立刻提出了解决景帝心头大患的主张——尽快解决宗室问题。

晁错的主意是削藩。

藩就是藩王，也就是诸侯王。削藩，就是削弱诸侯王的力量。这并没有错，汉文帝就是这样做的。但文帝的策略是分化、缩小诸侯王的势力，也就是说无论将一个封国分为几份，得到小封国的仍然是诸侯王的子弟。而晁错却不同，他要把土地收归朝廷。

俗话说“软刀子割肉不疼”。何况按照文帝的做法，割下来的肉仍然烂在锅里，诸侯王有意见也没有话说。晁错的做法却是虎口夺食，诸侯王岂能愿意？

兔子逼急了会咬人，何况还是有刀有枪的诸侯王！逼急了，他们可是会造反的！

作为一代有为名君，汉景帝当然知道削藩的必要性和重要性，但他也很清楚，削藩是一把双刃剑，搞得不好就会激起大乱。因此，景帝认为这件事情最好是先缓一缓，等到皇位更加稳固了再来处理。

晁错却不管三七二十一。他说，藩王们反不反已经不取决于朝廷削不削藩，而是取决于他们的实力。换言之，不管朝廷削不削，他们迟早都得反。削得早，反得早，祸小；削得迟，反得迟，祸大！

见景帝仍然犹豫不决，晁错干脆把话挑明，他说：“诸侯中实力最强的吴王刘濞不来京城谒见您，理由是生病，可我却听说他一直都是活蹦乱跳的，哪像有病的样子？分明是不把陛下您放在眼里！而且，我还听说这些年吴王大肆铸造铜钱，大力煮海水制盐，大量招引亡命之徒，这不就是在为反叛朝廷做准备吗？如果陛下继续纵容下去，等到吴王在内的各路诸侯王羽翼丰满时，想削都削不了啦！”

汉景帝当时刚刚三十出头，仍然还是一个血气方刚的年轻人，何况晁错那激情洋溢充满道理的言辞又恰好说到了他的心窝里……

那就干吧，当断不断，必受其乱！于是景帝以各种罪名先后削去赵王的常山郡、楚王的东海郡和胶西王的六个县。

“历史一定不会忘记我的……”看到汉景帝按照自己的意愿打出了强硬一拳，晁错狠狠地握了握拳头，好一番踌躇满志。

世事实难料

武力这时候是解决问题的唯一办法……

晁错青史留名的愿望达到了，不过是以很悲惨的方式。

当汉景帝削藩的命令一下，诸侯王便反了，计有吴王刘濞、楚王刘戊、赵王刘遂、胶西王刘卬、济南王刘辟光、淄川王刘贤、胶东王刘雄渠，史称“七国之乱”（又称吴楚之乱）。

领头的正是吴王刘濞。

刘濞气焰嚣张。他通知各诸侯王说：“敝国虽小，也有三千里；我军虽弱，也有五十万；吴地虽贫，我也节衣缩食准备物资三十年。我在天下各处都有存钱，各位要犒赏三军，尽管用钱，跟我打声招呼就行。”

所谓“师出有名”，刘濞必须给叛乱找个理由，因此他闪亮地打出“清君侧，诛晁错”的旗帜。

既然皇帝身边有“晁错这样的奸臣”，咱们刘姓诸侯王能坐视不管吗？其他六王自然也就名正言顺地聚集在刘濞的周围。

刘濞在领地内广征士兵。他说：“我今年六十有二，亲自率领军队；我的小儿子十四岁，也要跟着军队打仗。因此，年龄从大到和我一样，到小到和我小儿子一样的，都要从军出征。”

结果，刘濞兵力猛增。

如此架势，汉景帝始料未及，方寸大乱。晁错也好不到哪里去，急成了热锅上的蚂蚁。

但危局既已出现，就不能不面对。这时候，晁错居然出主意：由景帝御驾亲征，自己留守京城。

这不等于说把安全留给自己，把危险留给皇上吗？更别说麻烦还是你晁错惹出来的。因此，朝廷大臣们是群情激奋。

汉景帝心里怎么想，没人知道，但估计至少是咯噔一下。

晁错这个时候却仍然书呆子气十足，不但对皇帝和大臣们的心思毫无知觉，反而还想公报私仇，趁机杀掉总跟他作对的政敌袁盎。理由是袁盎曾说吴王不会造反，肯定是接受了贿赂。

袁盎也不是省油的灯，提前得到消息后，紧急求见汉景帝。

景帝问袁盎，你曾经担任过吴王丞相，对吴王刘濞等人应当比较了解，你对他们的叛乱有什么看法？

袁盎想也不想就告诉景帝，这不过是小菜一碟，不足为虑。

景帝大惊："吴王头发胡子都白了还造反，没有万无一失的把握他会干吗！爱卿难道有什么妙计？"

袁盎信心满满地回答说："吴王他们之所以造反，都是晁错逼的。为今之计，只要杀死晁错，派出使者赦免吴、楚七国，恢复他们原有的封地。那么，不用打仗，天下就可以重归太平。"

景帝听后，沉默良久，说："朕乃一国之君，如果爱卿所言是真，我是不会因为爱护一个人，而置天下万民于不顾的。"

袁盎说："我只能想出这个不是办法的办法，还望皇上深思。"

景帝点点头。

十多天后，晁错被腰斩于长安东市。临刑时，他还穿戴整齐，朝服干净如新。

并不是晁错多么视死如归，而是他压根儿就不知道自己会死于非命。行刑那天，景帝一大早就派人到晁错家骗他上朝议事。待车马经过长安东市时，主刑的人才停车向晁错宣读了腰斩诏书，并立即执行。

就这样，一心热衷于中央集权的晁错却成了汉景帝维护皇权稳定的牺牲品。留给后人的，是一声叹息。

那么，晁错已死，刘濞他们退兵了吗？

当然没有。吴王刘濞甚至根本就不见前来宣诏的朝使袁盎。

和谈不成，就只能武力解决。

当年汉文帝临终前，曾告诫还是太子的景帝说："假如国家有事，可以让周亚夫领兵打仗。"景帝于是任命周亚夫为太尉，统军前去平定七国之中军力最为强大的吴、楚叛军。周亚夫集合兵马于荥阳。

有一个故事讲周亚夫出兵东行曾遭遇险情。

话说周亚夫领命，自长安出发东行，准备去荥阳与大军会合。刚走到灞上，一个叫赵涉的人拦住他说："吴王一向富有，早就收买了一批不怕死的勇士。现在得知将军将要出发去荥阳前线，他一定会在崤山、渑池之间地势险要的地方乘机刺杀您。况且军事行动贵在神秘突然，将军何不由此右转，走南路，经蓝田，出武关（位于今陕西丹凤东南），直抵洛阳。届时您直接进入洛阳的武器库，擂响库中战鼓，大肆宣传，反叛的诸侯王闻讯，肯定以为将军是从天而降。这就首先在气势上给了他们一个下马威，必然会收到意想不到的效果。"周亚夫接受赵涉的建议，绕道而行，平安抵达洛阳。然后派人在崤山、渑池之间搜索，果然抓住了吴王的伏兵，不禁惊出一身冷汗。

周亚夫到荥阳后，吴军开始攻打梁王。梁王向周亚夫求援，周亚夫却带兵走东北方向绕过梁王所在进至昌邑，在这里坚壁而守。梁王再遣使向周亚夫求援，周亚夫还是拒绝。周亚夫甚至拒绝了景帝让他救援梁王的诏书。

周亚夫筑壁昌邑，重兵坚守，同时派轻骑阻断吴军饷道，从而将吴军置于必然失败的绝境。

梁军的抵抗消耗了吴军，待吴军发现饷道受阻，只得孤注一掷，转而攻击周亚夫的营垒。但周亚夫仍是坚守不战，吴军饥馑疲惫，只能退走。这时候周亚夫才开垒击敌，纵兵追杀。吴军大败，士卒死的死，逃的逃，降的降。

吴王刘濞见大势已去，只得带领几千忠于他的士卒向东南方落荒而逃。与刘濞联合的楚王刘戊，吓得生无所求，干脆自杀一了百了。

刘濞渡过长江，逃到丹徒，开始收集残兵败将，准备退守东越。

然而，死神还是追来了。朝廷派人送了点财物给东越，东越就以慰劳之名，将刘濞骗来杀掉。

吴、楚军队已经战败，其他诸侯王还能掀起什么浪花！就这样，叛乱仅历时三个月，就以七王兵败、朝廷大获全胜而告终。这是景帝没有想到的，想得到，他就不会杀晁错；这也是吴王没有想到的，想得到，他就不会那么猖狂。

承前启后开盛世

盛世，不是宣传出来的，而是干出来的……

“七国之乱”的平息是汉王朝加强中央集权进程中一件划时代的大事。

首先，它使诸侯王的整体实力受到了极大的削弱，参加叛乱的诸侯王的封地得以收归朝廷，由朝廷直接任命郡守管理。由此，诸侯王也被置于周边郡县的监控中，向朝廷发难的可能性已经微乎其微了。

诸侯王现在只能乖乖地接受朝廷对他们的安排。汉景帝中元六年（前144年），在平定“七国之乱”中立下大功的梁王刘武死去，他的封国被一分为五。除长子袭爵外，又立他的四个儿子为王：刘明为济川王，刘彭离为济东王，刘定为山阳王，刘不识为济阴王。此外，梁王的女儿也都封了汤沐邑。这样的小封国自然是没法再威胁朝廷了。

朝廷的权威得到空前强化，一个高度中央集权的强大王朝拔地而起。如果要打个比方的话，我们不妨这样说，诸侯王的尾大不掉就像是长在身上的一个肿瘤，而扑灭“七国之乱”则是解决诸侯王问题的一次强制性手术。这场手术很成功。

这次的叛乱并没有破坏朝廷的总体政策和社会的稳定。景帝头脑清醒，他迅速将工作重心转移到经济建设上来，继续发展生产。

景帝在位期间，他在国家建设方面的做法值得后人称赞：

首先，始终奉行汉初制定的休养生息政策。

景帝对农业极为看重。他说："农，天下之本也。黄金珠玉，饥不可食，寒不可衣，以为币用，不识其始终。"鉴于此，他继续推行文帝时期的政策，鼓励发展农业生产。景帝曾允许居于贫瘠之地的农民迁往肥沃之地从事农业活动。

虽然国家恢复了已取消多年的田税，但仍然很低，延续了三十税一。景帝下诏让各级官员鼓励百姓发展农业，同时打击滥用民力的官员，以保证正常的农业生产。

景帝制定的另一项惠民措施就是减轻刑罚。文帝时废除肉刑改为笞刑，但笞打的次数多。景帝两次减少了笞打次数，同时确定了刑具的材质、长短、宽窄，并规定施刑中途不准换人。对于审案断罪的官员，景帝训导他们必须要慎重。

其次，大力发展教育，打击地主豪强。

景帝在位期间，非常重视文教事业的发展，对文翁的支持就是其中的突出例子。

文翁，庐江人，学富五车，经官员推荐，被景帝任命为蜀郡太守。文翁到达蜀郡后，见蜀地偏僻，就决定从教育入手，来加以改变。

文翁的措施之一是派有培养前途的小吏到京城长安学习。学生学了几年后回到蜀地，都担任了重要职务。有人甚至后来做到了郡守、刺史。

文翁的第二个措施是在成都修建"学官"，招选邻近各县子弟来学习。由于一开始人们对此兴趣不高，文翁便采取免除劳役、提高社会地位等措施来刺激人们的入学兴趣。蜀地文风大盛，延续至今。

文翁"立文学精舍讲堂作石室"，后人称"文翁石室"。今天成都著名的石室中学的前身即可追溯至"文翁石室"，这堪称是世界教育史上的一个奇迹。

文翁所为得到景帝认同，后在汉武帝时期得到大的推广。

景帝在大力弘扬文教礼仪的同时，严厉打击地主豪强。他任用“酷吏”，让其大力打击为非作歹之徒，从而达到杀一儆百的目的。

《汉书·酷吏传》中的“酷吏”虽然也用残酷手段对付百姓，但其主要目标是镇压和打击不法的豪强地主。这些“酷吏”往往是不畏权贵、执法不阿，且廉洁自律。

郅都被景帝任命为济南太守，到任就诛杀了当地的豪强首恶。迁中尉后，又让列侯宗室侧目，号称“苍鹰”。

“酷吏”让地主豪强人人自危，不约而同地收敛了暴行，在局部调整了阶级关系，有利于发展社会经济和改善社会秩序。

经过汉景帝的精心治理，汉朝的社会经济获得了显著的发展，统治秩序日臻巩固，国家实力也日益强大。由于景帝的成就是在其父汉文帝的基础上创造的，因此后世将文帝和景帝统治时期并称为“文景之治”。

天命早就注定？

周亚夫告诉人们，在专制时代做个大功臣有多难……

在平定“七国之乱”中，太尉周亚夫功勋卓著。

周亚夫是三朝元老周勃之子。俗话说“虎父无犬子”，周亚夫从小习武，长大从军后，带兵打仗很有一套。

文帝后元六年（前158年），匈奴进犯。文帝在调兵防御边关的同时，为了加强京城的防卫，又命令河内守周亚夫驻军细柳（今陕西咸阳西南），宗正（掌管宗室事务的官员）刘礼驻军灞上，祝兹侯徐厉驻军棘门（今陕西咸阳东北）。

上任之后，周亚夫首先统一战士们的思想，要求有“无日不战”的觉悟。为此，他从严治军，规定在值勤和训练时，士兵必须身披铠甲，手持兵器，严阵以待，以便一旦有警，即可挥戈上阵。

一段时间后，文帝亲自去军营慰劳将士。

文帝首先去了灞上军营，没有阻碍，是直接驰入。将军和下属们一见皇帝驾到，都纷纷骑着马来迎接。汉文帝走时，将士们又列队欢送。接着，文帝又来到棘门，所遇与灞上差不多。

文帝最后前往细柳营。

有了前面的经历，大家都是扬鞭策马，准备直接驶入军营。可是，细柳营的士兵远远看见一队人马直驶过来，早已张弓搭箭，严阵以待了。文帝的前队驶到军营前，就被勒令停下。

文帝在后面抬头一看，只见将士们个个身披铠甲，手执利刃，威风凛凛，全是一副出战的架势。文帝不禁心中叫好。

这时，只听传令官大喊一声“皇上驾到”，喝令开门。

没曾想守卫们不但不打开营门，反而不卑不亢地回答：“军中只听将令，不听诏书。”

文帝没办法，只得派人手持皇帝的凭证进营，告诉周亚夫：“皇上想进入军营慰劳将士。”周亚夫这才传令打开营门接驾。

待文帝的车队进入营门后，守门军士又告诫文帝的随从说：“周将军有令，为保持军中肃静，营里不得纵马驱驰。”

文帝的随从们正要发火，文帝却微笑着制止了他们。众人只得缓缓前行。

一行人来到将军营帐前，只见周亚夫身披盔甲走上前说：“陛下，臣盔甲在身，不能下拜，请允许臣以军礼拜见陛下。”

文帝听了周亚夫的话，心里大为震动，俯身手扶车前横木，以示对周亚夫的敬意。然后又对将士们一一致礼，劳军完毕才离开了细柳营。

在视察完回城途中，众人议论纷纷，都说周亚夫太不尊敬皇上了，然而文帝却对周亚夫赞不绝口。他说：“这才是真正的将军啊！灞上和棘门的两支军队，松松垮垮，是把战争当儿戏。假如敌人来袭击，他们除了当俘虏，还能做什么？而像周亚夫这样治军严明的将军，敌人怎么敢来侵犯呢？”由此，这才有了前文所述汉文帝在临终前对刘启说“国家有事可以让周亚夫领兵打仗”的嘱咐。

“七国之乱”被平定后不久，周亚夫被汉景帝提拔为丞相，这时的周亚夫可谓达到了人生的顶峰。

可惜，“伴君如伴虎”，高处不胜寒。周亚夫时间不长就从人生的顶峰跌落下来，而且跌得粉身碎骨。

其实，周亚夫的命运今天读来就好像是上天注定了似的。

早在周亚夫年轻时，著名女相士许负就曾专门来给他相面，说他三年之后为侯，为侯八年做将相，身份尊贵。但是却在为相的九年后，落个饿死的下场。

许负还指着周亚夫的嘴角说：“您的嘴边有横纹，这是饿死的面相。”

周亚夫当然不信这些话。他说：“我肯定不会被封侯的，因为我的哥哥已经继承了父亲的侯爵，即使他死了也会让侄子继承，轮不到我。说我饿死也不可能，因为既然我尊贵了，又怎么会饿死呢？”

当然，从今天科学的角度来说，所谓的相面云云不足信。不过事情也真有凑巧的时候，过了三年，许负的话就应验了。

这年，周亚夫的哥哥周胜之因罪被剥夺了爵位。文帝念周勃为汉朝建国立下了大功，不愿意就此剥夺了周家的爵位，于是下令推选周勃之子中贤能的人继爵。大臣都推举周亚夫，文帝便封周亚夫为条侯，作为绛侯的继承人。周亚夫此次得势，似乎已走上了许负所说的命运之路。

做了丞相的周亚夫一开始深受景帝的器重，然而不久后，情况就有了变化。

由于在平定七国之乱时周亚夫坚壁昌邑，没理会梁王的求救，结果，梁王怀恨在心。梁王常在景帝和太后面前说周亚夫的坏话。虽然景帝并不喜欢自己的这个亲弟弟，但血毕竟浓于水，时日一长，景帝渐渐也有点疑心周亚夫。

景帝还想废掉当时的太子刘荣，周亚夫不赞成，两人争执了半天也没个结果。景帝恼怒周亚夫的不合作态度，因此疏远了他。

后来，景帝欲封从匈奴投诚过来的唯徐卢等五人为侯，以鼓励其他人也归顺汉朝。但周亚夫立刻反对说："这些都是背主之人，岂能封侯？如此怎能教后人守住气节？"

景帝觉得周亚夫可能是老糊涂了，不识时务，因此不顾他的反对，仍旧封五人为列侯。

周亚夫也不含糊，当即称病辞官，撂挑子不干了。

景帝很生气，觉得周亚夫纯粹是在故意给自己难堪，而且有些不负责任，因此一句挽留的话都没说，当场批准了他的辞职。

后来，景帝又想起了周亚夫，把他召进宫中设宴招待，想看看他脾气是不是改了。

周亚夫坐下后，见桌上摆了一大块肉，却没有筷子。他心想，皇上是不是在戏弄我？于是不高兴地对侍者说："取一双筷子来。"

侍者只看皇上的眼色行事，所以站着未动。景帝冷笑着说："这还不能让你高兴吗？"

周亚夫再傻也知道这是皇上认为自己对他有所不满意，于是马上跪下，知趣地摘下帽子向景帝谢罪。

景帝起身暂离，但让人想不到的是，周亚夫突然玩了一个不可思议的动作：肉也不吃了，二话不说也转身抬脚走人了。

景帝看见，在心里一声长叹：哎，牛脾气，果然还是那个牛脾气。从此越来越不信任周亚夫了。

周亚夫虽然不给景帝面子，但景帝念他劳苦功高，也没有过分计较。若是没有发生什么意外，他应当也能颐养天年。可惜，从古至今，"坑爹"之子总是络绎不绝。

这不，周亚夫的儿子见父亲年老了，就偷偷买了五百甲盾，准备在他去世时用于陪葬。这是国家严禁私人买卖的，于是周亚夫被人告发谋反。

景帝立刻派人追查，调查的人一问周亚夫，周亚夫拒不回答。景帝认为周亚夫不老实，故意抗拒调查，便将他交给廷尉审理。

廷尉问周亚夫："君侯为什么要谋反？"

周亚夫反问："买来是做葬器用的，为什么说我谋反？"

廷尉理直气壮地说："就算现在没反，将来死后也要在地下反。"

周亚夫大感屈辱，无法忍受，就在牢中绝食抗议。五天后，一代名将吐血身亡，果然是饿死了。

对于周亚夫此人，《史记》中在称赞他威严庄重、坚韧不拔的同时，也忍不住慨叹他过于耿直，能谨守节操而不知恭顺，最终为自己招来了祸患。

同时，汉景帝之所以这样对他，其实也是为汉武帝登基做准备。景帝曾看着周亚夫的背影说："这样的人哪是少主可以驾驭的！"

周亚夫死后不久，景帝驾崩，武帝继位。

第四章

竭力进取的时代

皇位之路不好走

做皇帝就能想干什么就干什么吗？汉武帝最有发言权……

汉武帝刘彻生于公元前156年，是汉景帝刘启的儿子，母亲是王娡。像历史上那些喜欢让自己的出生显得神秘兮兮的帝王一样，记载下来的刘彻的降生也颇为不凡，离奇色彩深厚——据说王娡怀孕的时候，曾做了一个太阳钻入怀中的梦，令时为太子的刘启大为惊喜，认为是吉祥之兆，认定王娡将来生的一定是儿子，而且这个儿子还一定大有作为。刘彻还没降生，文帝崩，景帝即位。景帝即位后，刘彻即降生。

说起王娡其实也是颇有些来历的。她的母亲是燕王臧荼的孙女臧儿。臧儿先后两次嫁人，王娡是她与第一个丈夫王仲的长女。有一位善于看相的算命先生说，王娡将来一定会大富大贵，而且命里注定是王孙之妻。可是，由于家境贫困，长大后的王娡虽然出落得如花似玉，此时却已经嫁了个寻常百姓家的金姓男子，并生下一女。大约是这位姓金的男子对自己的美貌娇妻并不怎么待见的缘故，王娡后被成功接回了娘家。恰逢此时，还是太子的刘启从民间选宫人，王娡的母亲便亲自出面，软硬兼施，与金家解除了婚约，然后送王娡前去太子宫。结果王娡顺利入选，不仅当上了刘启的姬妾，还得到刘启的宠幸而怀孕。

这也从侧面说明，那时的社会还是很宽容，并不限制或歧视妇女离婚和再婚，至少当时还是皇太子的刘启对自己的老婆有没有过婚史并不在乎。

到了刘彻四岁的时候，已成了汉景帝的刘启封自己的长子刘荣为太子，刘彻则被封为胶东王。第二年，刘启废掉结发妻子薄氏的皇后位，大汉王朝的皇后空缺。照常理，继任的无疑应该是太子刘荣的生母栗姬。

栗姬的相貌自是没的说，而且一连为景帝生下了三个儿子，是景帝后宫中最得宠的嫔妃，加之其子刘荣又被封为太子，因此她本人离皇后宝座是最近的。但栗姬为人心胸狭窄，忌妒心重，又接连犯下两个无法弥补的大错，最终让人有机可乘，不仅没能保住儿子的太子之位，自己也忧愤而死。

事件的起因与汉景帝同胞长姐馆陶长公主刘嫖有关。刘嫖可不是一般人，作为景帝之母窦太后的亲生女儿、景帝的胞姐，她是汉王朝当时最有影响力的女人之一。

刘嫖有一个女儿叫陈阿娇，她原本打算把自己的宝贝女儿嫁给刘荣做太子妃，这样一来，自己的女儿将来就会成为大汉王朝的“第一夫人”，自己也就有了更享不尽的荣华富贵。可是栗姬对刘嫖提亲的要求不但一口回绝，还大逞口舌之快，嘲弄了馆陶长公主一番。心比天高的刘嫖哪受得了这口气，从此便对栗姬娘儿俩怀恨在心。

不久，刘嫖便将目光转向了自己平时也很喜欢的另一个侄儿刘彻，并顺利地促成了女儿和刘彻的婚事。

既然已经属意刘彻做自己未来的女婿，为了自己的女儿将来能当上皇后，刘嫖自然在景帝面前少不了说刘彻的好话，说他聪明绝顶，举世无双，若立为太子必能继承大统，等等。刘嫖也不时地在景帝面前赞美刘彻的母亲王娡贤惠宽容，有皇后之仪。景帝向来与自己这位姐姐关系很好，渐渐地就有点动了心。

有一次，景帝故意试探栗姬，要她在自己死后，好好照顾所有的皇子。谁知头脑简单、脾气暴躁的栗姬却借此机会大说其他王子的不是，还和景帝大吵大闹。鉴于对汉初吕氏专权给刘氏子孙带来的灭族之祸记忆犹新，汉景帝当时的心情一定是冰凉冰凉的。

这时候的王娡还要了个小小的心眼。她暗地里唆使大臣们，称应该尽快上表请立太子之母栗姬为皇后。结果负责礼仪的官员便真的当众向景帝进言：“‘母以子贵、子以母荣’，现在太子之母还没有封，应该立为皇后。”

正在气头上的景帝勃然大怒，他认为这一定是栗姬或太子刘荣勾结朝臣干的，于是就将太子刘荣废为临江王，刘彻则顺理成章地做了太子。栗姬也从此失宠，被贬入冷宫，后来在幽怨中一病而亡。

平心而论，废太子刘荣确实是块做皇帝的料。他聪明过人，仁孝宽厚，很是招人喜欢。当然，刘彻也不遑多让，从小就显示出聪慧早熟的特点。据说他三岁的时候，汉景帝曾把他抱在怀里问道："我的儿子呀，你想不想做皇帝？"

刘彻像个小大人似的回答："做不做皇帝又不是我说了算呀！儿子只想天天在父皇身边快快乐乐地玩儿，让父皇也开心。"刘彻的回答让汉景帝又吃惊又高兴。

四岁时，汉景帝考查他的学习，刘彻立刻背出学过的书，洋洋几万字居然没错一个。七岁时，就因为拥有过人的理解力和领悟力，被汉景帝亲自赐名"彻"。

公元前141年，汉景帝病逝，时年十六岁的刘彻即位，是为汉武帝。

刚一登基的汉武帝血气方刚，立志做出一番轰轰烈烈的事业。他重用主张加强皇权的儒士出任将相：任命信奉儒学的窦婴为丞相，安排舅父田蚡主持兵政为太尉，任命他当太子时的两位儒学老师赵绾为御史大夫、王臧为郎中令。他还采纳文景时期壮志难酬的贾谊、晁错一派的政治主张，即在内削弱诸侯、加强中央集权，在外则全力抗御匈奴。

然而汉武帝的施政方略遇到了巨大的阻力，阻力主要来自他的奶奶窦太后。

窦太后本名窦漪房，是汉文帝的皇后，汉景帝的母亲。她一生共历四朝，辅助了文帝、景帝、武帝三位皇帝，对汉初的治国理念影响甚大。

窦太后特别喜欢"黄老"之术。"黄老"是指黄帝和老子，道家也尊"黄老"为祖，主张无为而治，宽政待民。窦漪房在还未成为太后之前，就经常彻夜通读老子之书，主张在清静无为的环境中恢复和发展经济。

为了教育和影响子孙们，窦太后甚至亲自找来"黄老"一系大量书籍，让儿子汉景帝、孙子汉武帝以及外戚们通读。她还经常检查他们的读书情况，看他们是否读懂了，是否领悟了。

不仅如此，窦太后还要求朝中大臣也学习“黄老”。

景帝在位时，有一次，窦太后见儒生辕固生非常博学，就问他《老子》是怎样的一部书。

要说这辕固生也真是个拧巴的人。他明知道窦太后要让他赞扬老子的思想，却不屑一顾，反而用颇为轻视的语气说：“不过是些‘家人言’罢了，没什么意思。”

《老子》的道德篇虽然微妙难懂，但总体来说讲的都是理国理家的事。“家人”一说是平民百姓，一说是童仆，总之“家人言”是贬义。

辕固生作为一个当时的“国学大师”，竟然如此意气用事，随口贬低《老子》，确也显出其修养并不很高。难怪后世有些儒家学者，虽然不赞成窦太后下面的行为，但对辕固生也很不以为然，认为他的遭遇是咎由自取。

果然，辕固生的这一句贬损，将窦太后气得怒火中烧，于是，她创造了一个新的刑罚——让辕固生去“斗猪”，也就是跟野猪搏斗。

窦太后让人用粗木桩围起一个很大的猪圈，在里边放了一头硕大而凶恶的野猪。野猪“扑哧扑哧”地喷着气，两颗獠牙伸出嘴唇之外，煞是吓人。

然后，窦太后派人把辕固生架来，对他说：“你不是说《老子》是‘家人’之言吗？那你现在就去跟这头野猪辩论辩论吧。活着出来算你命大，被野猪咬死，只能怪你运气不好喽。”一边说一边叫人将赤手空拳的辕固生推进猪圈。

当时景帝陪在一旁，觉得母后这样做有些不妥，连忙帮辕固生求情。正在气头上的窦太后哪里肯听！

辕固生倒也拧巴得可以，毫不讨饶，一言不发地任由兵士们将他推入栅栏。一时间，野猪却被这个突然近身的“两脚怪物”吓坏了，双眼紧紧盯着辕固生，不知所措。

辕固生倒也像个男人，不但没有露出害怕之色，反而双目圆睁，死死瞪着野猪。

周围观看的官员、太监、宫女们却都吓坏了，大家屏住气，为辕固生捏了一把汗。

就在这当口，景帝突然从卫士腰间的刀鞘中飞快地抽出一把刀，迅速丢给猪圈中一动不动的辕固生。

在众人的一片呐喊声中，辕固生一把从地上捡起刀。就在这时，野猪猛然跃起向他扑来。惊慌之中的辕固生已顾不得许多，他双手擎刀，接二连三地向野猪猛戳过去……

片刻过后，野猪躺在血泊中死去，辕固生也瘫倒在地。幸运的是，他终究捡回了一条命。

虽然辕固生侥幸活了下来，但这场人与野猪的搏斗，再次维护住了“黄老”之学的尊崇地位。此后，终景帝一朝，再没有儒生敢向“黄老”之学发起挑战。

实事求是地说，虽然窦太后此次推行无为而治的“黄老”之术过于强硬，但这一基本国策使国家的经济得到了恢复和发展，促成了“文景之治”盛世景象的出现。

然而，所谓“时移世易”，一个再好的政策也不能包用百年、一成不变，总得要与时俱进。可惜窦太后不理这一套，她强行要求刘彻废弃儒学而重新采用“黄老”之道，以恢复文景时代的“无为而治”。

或许是骨子里继承了奶奶的强硬基因，年轻的汉武帝坚持认为“无为而治”的方针已不合时宜，因此拒绝听从。而且对奶奶“垂帘听政”的做法很是不满，便让赵绾上书，建议皇帝对于国事不必报知请示窦太后。

“我还没死，你就想造反了？”盛怒之中的窦太后在斥责这个不听话的孙子的同时，心中甚至愤愤地想废了汉武帝的皇位。汉武帝当然废不了，最后是迫使逮捕了赵绾、王臧二人，二人于狱中含冤自杀。其后，又相继罢免了丞相窦婴、太尉田蚡等人的职位。

这时刘彻的心里自然窝火无比。想来也是，堂堂的一国之君，却连发号施令的权力都没有，搁谁心里也不好受。偏偏这个时候已成为皇后的陈阿娇与刘彻矛盾丛生，而馆陶长公主自恃拥立有功，也每每贪得无厌。于是刘彻便开始疏远这娘儿俩。

眼看情况越来越不妙，已成为太后的王娡只得警告自己的儿子说："你年纪尚小又新即皇位，那些元老大臣未必心服。现在又因为改制触怒太皇太后，如果再得罪馆陶长公主，身边就没有人维护你了。年轻气盛对你百害而无一利。"

刘彻是何等聪明之人，听闻母亲一劝，马上转脸笼络馆陶长公主、陈皇后。此后几年间，他多四处游猎，不再有大的动作。馆陶长公主一方面由于刘彻"回心转意"，另一方面她也深知如果刘彻失去了皇位，她母女以后的结果必定更为不堪，所以继续利用自己在窦太后跟前受宠的优势保护刘彻。由于馆陶长公主的倾力保护以及刘彻的韬光养晦，他的帝位终于得以保全。

可见，一个人要想按照自己的想法做点事，确实不容易，就算是皇帝也如此。除了有实力、自己努力外，还得懂点低调做人的道理才行。汉武帝刘彻就是这么一步步走过来的。

一代雄主的文治武功

平心而论，汉武帝刘彻建立的丰功伟绩，确实在历史上少有人可比……

汉武帝在位五十多年，死时七十岁，是中国历史上难得的在位时间长又高寿的皇帝之一。

综观武帝的一生，干出了许多后人难以望其项背的事。

其一，在思想上独尊儒术，用儒术来统治汉王朝。

秦汉之际，经秦始皇的“焚书坑儒”政策摧残后，儒家在此后一度抬不起头来。自西汉初年叔孙通协助汉高祖刘邦制定礼仪制度后，儒学才有了新的发展，并逐渐适应了统治阶级的需要。

武帝在刚刚立为太子的时候，便深受儒学影响。十六岁登基后，一开始就醉心于尊崇儒术，但因遭到崇尚“黄老”之学的奶奶窦太后的反对而作罢。

窦太后去世后，二十二岁的汉武帝拥有了独立处理国家大事的权力。他迅即采纳了董仲舒的“罢黜百家、独尊儒术”的建议。

董仲舒（约前179—约前104年），广川人。从小就对《春秋》很有兴趣，汉景帝的时候被任命为博士。据说他研究学问非常专心，他家的后花园他很多年都没有去看过。他的日常生活和一举一动都按照礼法的要求去做，所以很多学者都把他当作老师来尊敬。

元光元年（前134年），汉武帝命举贤良方正，董仲舒前后三次应诏对答，提出了著名的“天人三策”，引起了汉武帝的重视。

董仲舒思想的主要特色，是以儒家宗法思想为中心，引入阴阳五行理论，建成新的思想理论体系。董仲舒说“王道之三纲，可求于天”，而“天不变，道亦不变”。董仲舒宣称“帝王受命于天”，是秉承“天意”统治天下的，因此是“天子”。照这一说法，帝王自然就具有绝对的统治权威，这是武帝最需要的精神武器。

董仲舒从天人关系出发，又根据“阳尊阴卑”的思想，建立一套“三纲、五常”的伦理学。他建议统一学术、统一思想，直截了当地提出了“大一统”的政治思想。

根据董仲舒的提议，公元前136年，武帝设太学，置五经博士。博士以儒家经典“五经”在太学教授弟子。公元前124年，布衣出身的儒生公孙弘擢居相位。武帝又采纳公孙弘的建议，为博士置弟子员五十人，每年一次试考，合格者授予官职。又命令各郡国普遍建立学校，讲习儒家经典，选拔其优秀者担任地方各级官吏。

从此以后，愈来愈多的人开始学习儒学。儒家思想也逐渐发展成为此后两千多年的正统思想。这就是历史上有名的“罢黜百家、独尊儒术”。

其二，为加强中央集权，汉武帝对政治制度进行了重大变革，从而完善了国家制度。

一是推恩子弟。汉景帝平定“七国之乱”后，诸侯王问题基本解决，但是诸侯王的势力依然存在，并逐渐又有恢复。武帝决心彻底解决这一问题。

汉武帝的做法，是给诸侯王“温柔一刀”。

这一刀，叫“推恩”。

推恩的设计者叫主父偃。主父偃是纵横家，他的设计也堪称权谋的代表作。具体做法，是让诸侯王分出土地，封给自己的子弟。换句话说，就是把“浩荡皇恩推广到下一代”，所以叫推恩。

这当然行得通，因为诸侯王的子弟都拥护。这也讲得过去，因为符合儒家父慈子孝的精神。这又是对朝廷非常有利的，因为不费一兵一卒，诸侯王的实力已被削弱。

所以，汉武帝立即采纳。

不过，光有软刀子还不够，汉武帝还要挥起大棒。最好的办法，当然是找理由治诸侯王的罪，削夺其封国。

聪明如汉武帝，自然很快就找到了切入点。

从汉文帝时期沿袭下来的规定，举行宗庙大祭，王侯必须献黄金助祭，称为“酎金”。汉武帝的办法是：酎金分量不够或成色不好，取消侯爵封号，收回土地。

那么，分量够不够，成色好不好，谁说了算？

汉武帝当然拥有最终的解释权。

这就实在太方便了。结果，仅元鼎五年（前 112 年），因为酎金不合规而被削去爵位的就达一百零六人。

汉武帝通过这种恩威并施的政策，基本上解决了汉初以来长期未得彻底解决的诸侯王势力的问题。此后，虽然诸侯王继续存在，但作为一股政治势力，它们已经失去汉初的活力了。

二是广开仕途，建立察举制。为了维护汉王朝庞大的官僚体系，必须有一大批官吏不断地充实到各个机构中。这就要求有一套完整的选择官吏的办法。汉武帝为了网罗人才，采纳了董仲舒的“求贤”建议，建立了察举制度。

察举，即由朝中大臣、地方官员推举人才，朝廷考核后任以官职。它源于汉文帝，武帝时成为较完备的制度，分为岁举和诏举。岁举每年一次，由刺史、郡国守相察举孝廉及秀(茂)才等。孝廉，即孝悌、廉正。诏举则时间、对象、员额都由诏书规定，科目有贤良方正、文学、明经等。

这样的选官制度，保证了“独尊儒术”的推行，进一步扩大了选拔官吏的范围，向加强中央集权迈出了重要的一步。

三是兴办太学，推广郡学。太学是为专门培养五经高级人才而设，公孙弘为相时建立了一套完整的制度。太学适应了国家和士人的需要，所以发展很快。武帝时，太学的五经博士弟子是五十人，西汉末年则达到一万人。武帝肯定并推广文翁的经验，在地方上兴办学校，“令天下郡国皆立学官”。

我国古代帝王中，办教育热情之高、成绩之大，汉武帝名列前茅。他的一系列兴教举措，在中国和世界教育发展史上，皆属划时代的大事，具有深远的影响。

四是建立年号和修改历法。汉武帝是中国历史上第一位使用年号的皇帝。公元前113年，武帝下令，以当年为元鼎四年，并将前此之年追改为建元、元光、元朔、元狩，每一年号均为六年。

汉武帝还是第一位在统一的国家制度下颁布历法的皇帝。太初元年（前104年），汉武帝宣布，改订礼制和历法，其主要内容是：“夏五月，正历，以正月为岁首。色上黄，数用五，定官名，协音律。”这是天文学家长期精心研究的结果，具有极高的科学价值，武帝则将它纳入儒家学说的思想体系。

其三，反击匈奴。

汉武帝之所以被人们称为是雄才大略的明君，与他在位时期大力反击匈奴分不开。

我们知道，汉王朝自高祖刘邦始，便一直对强悍的匈奴实行和亲政策。这种“和亲”实际上是一种妥协，不但要把汉朝宗室的女子嫁给匈奴单于，每年还得送给匈奴许多财物。但是，即使这样，匈奴还是经常南下侵扰，使朝廷不得安宁。对于志存高远的汉武帝来说，当然不能视之为平常，他一心要改变这种屈辱的情况。

汉武帝很快就采取了行动。公元前 133 年，在王恢的建议下，汉武帝派王恢、韩安国、公孙贺、李广等带领三十万人马在马邑设伏，然后派人诱使匈奴进攻马邑，准备予以痛歼。可惜计谋被匈奴识破，未能如愿。

此后，汉廷和匈奴的和亲关系破裂，双方之间接连发生了大规模的战争。在这些战争中，涌现出了两个名垂青史的人物——卫青和霍去病。

卫青（？—前 106 年），河东平阳（今山西临汾西南）人。他出生卑微，后在平阳侯家做了一名骑从，外出时都要伴行。卫青的姐姐卫子夫是平阳侯家的歌女。一次，汉武帝到平阳侯家做客，汉武帝对楚楚动人的卫子夫一见钟情，于是将其纳入宫中，颇受宠爱，卫青也因此成为朝廷命官。后卫青因击匈奴有功，封大将军。

霍去病（前 140—前 117 年），是卫子夫姐姐的儿子，卫青的外甥。霍去病果敢有谋略，精于骑射。他以剽姚校尉的身份从卫青征匈奴，立功封冠军侯。霍去病多次立功，深受武帝喜爱，再封骠骑将军，后至大司马。有一次，汉武帝为霍去病建造了一座宅院，让他去看，他却说出了一句令人热血沸腾的话：“匈奴不灭，无以家为也！”

武帝多次派卫青、霍去病率兵征讨匈奴。其中，公元前 127 年的收复“河南地”战役、公元前 121 年的河西走廊战役和公元前 119 年的漠北战役，是卫青、霍去病等参加过的三次决定性战役。之后，匈奴向北远遁，出现“幕南无王庭”的局面。

汉武帝取得反击匈奴的胜利，使国家更加统一，长城内外“马牛放纵、畜积布野”，为经济文化的发展创造了极为有利的条件。

在派兵出击匈奴的同时，汉武帝为切断匈奴的支援，也为了加强经济文化交流，还两次由张骞奉使西域。

公元前 138 年，汉中城固（今陕西城固）人张骞以郎官身份应募奉使西域。他带领一百多名随从人员从长安向西域进发。

不幸的是，张骞刚一进入匈奴的势力范围就被扣留。羁押十几年后，他与一个叫甘父的人才好不容易逃出来。之后，二人继续西行。经过长途跋涉，他们终于见到了原本想和汉廷合作共同对抗匈奴的大月氏，然而这时的大月氏已被匈奴打怕了，失去了继续对抗的决心。无奈之下，张骞只好回归，在回归的路途中，又被匈奴扣留一年。就这样，直到公元前 126 年，张骞才回到长安，见到了汉武帝。

张骞此次奉使西域，前后历时十三年，途中两次被匈奴截获。出发时一百多人的使团，回来时只剩下他和甘父两人。这次出使虽未达到联合大月氏夹攻匈奴的目的，但却详细了解了沿途地区的风土人情和气候状况。

公元前 119 年，汉武帝再次派张骞出发西域。此行的目的：一是联络乌孙共击匈奴；二是宣扬兴盛和更广泛通好。

此时，河西走廊战役胜利，由长安到西域地区的交通畅通无阻，张骞顺利到达了乌孙。

然后，张骞一面派遣副使去往大月氏、康居、安息等，以加强联系，发展贸易往来；一面自已留下来说服乌孙共击匈奴。乌孙虽没有同意，但后来终究是与汉廷结好。

三次出兵重创匈奴，汉朝在内地通往西域的咽喉要道先后设立武威、张掖、酒泉、敦煌四郡。公元前 101 年，在轮台等地进行屯田，并设置地方官吏管理。公元前 60 年，西汉统一西域。同年，设西域都护府作为管理西域的军政机构。

汉武帝当政期间开创了大汉王朝的强盛时代，使汉朝逐步发展成为当时世界上最强大国家之一。

汉武帝，干得相当不错！

用剑犹如用情，用情犹如用兵

武帝女人不好当，雄主历来好猜忌……

武帝作为一代雄主，他的四段感情被人们熟知。

陈阿娇是汉武帝的第一位皇后，成语“金屋藏娇”就来自他俩的故事。

传说，汉武帝刘彻四岁时，被封为胶东王。一次，他的姑妈长公主刘嫖把他抱在膝盖上问：“想不想娶媳妇？”

武帝回答说：“想。”

长公主就指着在旁边侍候的一百多人问：“要哪一个？”

武帝说：“都不要。”

最后，长公主指着女儿陈阿娇问：“阿娇合适吗？”

武帝笑着回答说：“好！若得阿娇作妇，当作金屋贮之也！”

后来，汉武帝被立为太子，娶阿娇为妃。汉武帝十六岁那年即帝位后，立阿娇为皇后。

两人也曾耳鬓厮磨，卿卿我我。可惜阿娇虽是天生丽质，却十几年没有给汉武帝生下一男半女。武帝满肚子不高兴，开始宠幸另一个女人卫子夫。

阿娇为了夺回失去的宠幸，竟搞了一些类似巫术的行为。汉武帝察觉后，将阿娇废掉，立卫子夫为皇后。阿娇退居长门宫，从此终日以泪洗面。司马相如的《长门赋》传说是受阿娇百金重托而写，文章中阿娇倚门相望、苦苦期待的形象跃然纸上。

卫子夫是汉武帝的第二位皇后。这位平阳侯家的歌女得宠幸后连生三女一男。卫子夫所生男孩刘据被立为太子，卫子夫被册封为皇后，加上卫青、霍去病等封侯，卫氏家族一时势倾全国。

当时流传一个歌谣：“生男无喜，生女无怒，独不见卫子夫霸天下？”

意思就是："生子不必太高兴，生女莫把怒气发，难道没有看到卫子夫独霸天下吗？"

树大招风，好景不长。汉武帝是个喜新厌旧的主，随着岁月流逝，如花似玉的卫子夫日见色衰，武帝的宠爱也就不复从前。可是卫子夫仍能保持皇后的德行，武帝对她还是信任的。那场突如其来的"巫蛊之祸"，是卫子夫的死因。

事情是这样的，汉武帝随着年岁的增长，帝王固有的疑心病越发严重，整天疑神疑鬼，总觉得有人要谋害他。

征和二年（前91年），一天晌午，汉武帝疲倦地靠在床上休息，不一会儿，他突然发现有许多木偶向他涌来，而且越聚越多，只见前后左右，头上脚下，奔跑飞腾的全是木偶，密密匝匝地把他围得严严实实。更可怕的是，这些木偶个个手握棍棒，口中喊打，吓得汉武帝上天无路、入地无门，正在惶恐之间，突然惊醒过来，原来是场噩梦。

恰巧这时，汉武帝的宠臣江充进宫来看望汉武帝，武帝便向江充诉说了梦中的情景。

江充皱着眉头，认真地说："恐怕是有人行巫蛊，才搞得皇上龙体欠安。"

江充一说，本就疑神疑鬼的汉武帝马上相信是有人做了木偶在谋害他，便委任江充专门查办此事，务必查个水落石出。

江充向来与太子刘据合不来。他怕汉武帝死后，太子继位会对自己下手，便借此事陷害太子。于是，在搜查太子宫里是否有木偶时，江充趁别人不注意，把事先准备好的木头人拿出来，大肆宣扬说："在太子宫里挖掘出来木头人，还发现了太子书写的帛书，上面写着诅咒皇上的话，我们应该马上奏明皇上，办他的死罪。"

刘据知道后感到事态严重，他思前想后，觉得应该先下手为强，把江充给杀掉，以绝后患。于是发兵捕杀江充。汉武帝听到"刘据谋反"的消息后大怒，急忙下诏派兵马抓捕刘据。刘据进退无据，又不愿被捕受辱，只好自我了断。这场祸乱让长安城一度变成战场，数万人倒在血泊之中。

这便是历史上有名的“巫蛊之祸”。卫子夫就因为这件事被迫交出皇后印玺，然后自尽了。

乐师李延年受武帝宠爱，他的妹妹也因为美丽善舞被召入宫中，武帝很是喜爱。这也就是李夫人。李夫人为武帝生下一子。后来，李夫人生重病卧床不起。李夫人深知汉武帝之心，自生病之日起，便拒绝其探视。因为，她深知武帝只是喜欢自己的美貌，如果看到她病中憔悴的模样定会厌恶。李夫人死后，武帝茶饭不思，十分思念当日那个貌美如花的女子。

著名的钩弋夫人，赵婕妤，是汉昭帝的生母。武帝巡狩过河间，遇见赵姓女子，见其貌美如花、光彩照人，便带回宫中。后来得宠进为婕妤，所住宫殿被命名为钩弋宫。

传说钩弋夫人怀胎十四个月方才生下一个男婴，也就是后来的汉昭帝刘弗陵。刘弗陵是汉武帝最小的儿子，很得武帝宠爱。刘据死后，武帝想立刘弗陵为太子。

然而武帝很快就想到一个问题，那就是刘弗陵年纪太小而钩弋夫人又太过年轻漂亮。他开始猜想钩弋夫人成为皇太后之后会是怎样一番情形。他脑子里最先想到的便是自己的先祖刘邦死后吕后专权。

于是结论很快得出来了，他认为钩弋夫人继续活着是一个危害，必须要想法将她除去。

公元前 88 年前后，武帝随便找了个碴儿处死了钩弋夫人。后来，当别人有不同看法时，他还振振有词地说：“自古以来，国家之所以大乱，就是因为君王年幼而母亲年轻。子少母壮，女主专权，为所欲为，谁能制止得了？你没听过吕后的事吗？”后世有人评价汉武帝“用剑犹如用情，用情犹如用兵”。

因为“巫蛊之祸”，因为立子杀母，武帝也被许多人指责。

再多讲一件事：腹诽，又称“腹非”，即嘴里虽然不说，心里认为不对。武帝以“腹诽罪”杀了大臣颜异。

《史记》记载，有一天，汉武帝正在与张汤兴致勃勃地谈论造“白鹿皮币”的事。有个叫颜异的大臣来奏请公事，汉武帝就问他对“白鹿皮币”有何看法。颜异说：“如今王侯朝贺，以苍璧为礼品，价值不过是数千钱，而用来垫苍璧的皮币，价值却要四十万，太不相称了！”

汉武帝听后大为不悦。

不久，有人因别的事情告发颜异，汉武帝就让张汤办理此案。颜异和他的门客谈话，门客提到造“白鹿皮币”的诏令有些不恰当，颜异没有回答，只是嘴唇动了一下。张汤于是上奏汉武帝：“颜异身为九卿，见法令有不适当之处，不直接谏言而腹诽，应判处死刑！”

汉武帝朱笔一挥：“同意！”颜异便因“腹诽罪”脑袋搬了家。从此以后，就有了腹诽这一条，朝廷里的大臣们也就对皇帝阿谀奉承但求保命了。

最后想说的是，汉武帝是备受推崇的一代雄主，其成就堪与“千古一帝”秦始皇媲美，而他的过失也类似秦始皇。

性格决定命运

飞将军李广在历史上的评价很高，然而“李广难封”却又让人生出无限感叹……

上过学的人都学过一首诗：

秦时明月汉时关，万里长征人未还。
但使龙城飞将在，不教胡马度阴山。

诗中的“飞将”指的是汉朝名将李广。在反击匈奴的战争中，李广可以说是名将中最知名的一位，甚至比卫青、霍去病都更为人们所熟知。

李广（？—前 119 年），陇西成纪（今甘肃静宁西南）人。他的先祖李信是秦国名将，所以李广是将门之后。

文帝前元十四年（前 166 年），匈奴大规模入侵萧关。李广参加了此次抗击匈奴的战争，因为他非常善于骑射，杀敌甚多，被选为中郎。李广多次随文帝出行，常有冲锋陷阵、抵御敌人以及格杀猛兽等表现，深得文帝喜爱。文帝曾慨叹地说："可惜你生不逢时，假如活在高祖争夺天下的时代，封个万户侯也不在话下！"

汉景帝即位不久，"七国之乱"爆发，李广以骁骑都尉的身份，跟从周亚夫进击吴楚叛军，立下战功，夺取了对方的军旗，大显威名。不过李广也真有意思，他是朝廷将领却接受了梁王刘武赠予的一颗将军印。结果触怒景帝，未再受到封赏。调为上谷太守，天天与匈奴交战，以勇猛闻名，后再迁为上郡太守。

汉武帝即位后，仍然重用李广，李广也参加了马邑设伏。元光六年（前 129 年），武帝命李广率兵出雁门关（在今山西代县）攻打匈奴，遇到匈奴大军，李广被生擒。后来他虽然伺机逃脱，但兵将损失惨重，被削去官职，成为平民。后起复，任右北平太守，匈奴称他"汉之飞将军"，不敢正面交战。

元朔六年（前 123 年），李广以后将军身份跟从大将军卫青去攻打匈奴。诸将杀敌众多，纷纷立功封侯，李广却无功而返。

元狩四年（前 119 年），汉武帝发动对匈奴的漠北之战，已经六十多岁的李广多次上书要求前往一线杀敌。汉武帝在几次婉拒后答应了他，让李广做了前将军。

汉武帝暗中告诫这次战役的总指挥卫青，说李广年事已高，命数又不好，不要让他与单于正面作战，以免坏事。

卫青谨遵汉武帝的告诫。在得知匈奴单于的具体位置后，就自带精兵追逐单于，而命令李广前去和右路的队伍会合，从东路进击。然而李广要求与匈奴单于正面交锋，并说出了"臣愿居前，先死单于（我愿当先锋，与单于决一死战）”的豪言壮语。

卫青不接受李广的请求。李广一怒之下不辞而别，带兵与右路军会合后，由东路进军，但由于路况不好，加之没有向导，迷了路，队伍没能在预定的时间与大军会合。卫青的中路军和匈奴开战后，单于见形势不好，就跑了。卫青没有收获，在归途中遇见李广的右路军。

漠北之战结束后，卫青要上书汉武帝报告此次战争情况。李广一是不愿受到诘难，二是想一人揽过，于是拔剑自刎了。

一代名将就此撒手人寰，一生未得封侯。

由于李广平素体恤下属，又能与大家同甘共苦，官兵无不号啕大哭。百姓也久仰其威名，闻者无不痛哭流涕。

然而悲伤之余，人们不禁要问：戎马一生，经历了与匈奴大大小小七十余次战争的飞将军李广，战功卓著，备受士卒爱戴，却为何终生没有封侯，且死得如此凄惨呢？

比较常见的说法是，他受到了不公正的打击和排斥，特别是在李广参加的最后一次战役即漠北之战中表现得最为明显。

事情的真相确实如此吗？

未必。

我们知道，漠北之战，是汉武帝执政期间对匈奴发起的最大一场战役。在这场事关家国命运的战役中，他自然不会任用一个时运一向不济、曾被敌人生擒而后逃脱，且已年过六旬的将军当主力。而作为忠于武帝的全军最高统帅卫青，在生死攸关的决战前夕，他首先要考虑的当然是战事的成败，即如何排兵布阵去争取胜利，而不是挖空心思去琢磨让谁立功或排挤谁。至于让李广做偏师，虽然路途远、路况差，可一旦得手，又何尝不是大功一件？而李广确实缺乏远程带兵奔袭的能力，只能遗憾地错失又一次封侯的机会。

此外，还有很多事实可以证明，李广并非是因有人打击和排斥而未封侯。

其一，汉武帝一直很重视李广。

李广的特长是善骑射，是射箭专家。《史记·李将军列传》对此记载说：“其善射亦天性也，虽其子孙他人学者，莫能及广。”李广的另一特长是战斗中能勇冠三军，危难时刻能连连射杀敌将，稳定军心。因此在保卫战中常能取胜，匈奴兵害怕他，不敢进攻他镇守的地方。李广的缺点在于他不善于独立带兵深入匈奴腹地歼敌。这涉及更为复杂的问题，如向导问题、侦探敌方情报问题、遇到紧急情况的临机应变等等。在几次战役中，李广独领一军作战时竟无一次胜利就是证明。

武帝的缺点在于使用李广时未能用其所长。汉武帝若能用李广之长，如让他去为汉朝训练一支专门射箭的军队，让他在主帅统领下带一支精勇之旅去冲锋陷阵、退兵时则令他断后，李广没准儿会立功封侯。

其二，从《史记》《汉书》中有关记载来看，无法看出卫青有专门排斥、打击李广的行为。

首先，李广是卫青父辈之人，老一代的名将。卫青在当大将军前与李广同为将军，做了大将军，战时总领诸将，然而也没有任命李广的权力。李广的任命都是武帝直接掌握，卫青管不了。漠北大战出发前，武帝对卫青说李广老了，不要让他与单于正面对阵云云，也说明了李广这次的使用是武帝直接安排的。

其次，李广与卫青地位相差太远。卫青战功卓著非李广可比，卫青的贵戚身份李广也望尘莫及，二人在利益上也没有冲突。以卫青后辈的身份，去排挤、打击一位不走运的老一代名将实难令人相信。况且，卫青做事一贯小心谨慎，讲究退让，说他排挤李广云云和他一贯作风不符。因此，就现有证据来看，说卫青排挤、打击李广缺乏事实根据，很难让人信服。

其三，实际上，就连李广本人也不认为自己没能封侯是受到了卫青或其他人的打击和排斥。

李广曾经十分悲凉地说：自从与匈奴开战以来，我李广从没有缺席过一场战斗，但就算是我的下属中，因为战功而封侯的也有几十人了。我自认为才能不逊于人，杀敌奋不顾身也不落后于人，但为何我至今不能立功封侯呢？难道是我面相不好，命中注定与封侯无缘？

可见，李广本人将自己未能封侯的原因归结为运气不好。

事实上，李广的运气确实挺差。他虽然名气很大，但是实际上打的大规模胜仗不多。只是在一些情况下，靠个人的勇武获得了一些超出常人的战绩。

汉武帝元光六年（前 129 年），四路大军出塞。卫青、公孙敖、公孙贺、李广各率一路，每军一万人。本来这次出塞，四个人都有机会靠优异的成绩获得主帅的位置。但是运气和个人素质让四个人遇到了不同的情况。公孙贺在塞外旅游一圈，无功而返；公孙敖遇到匈奴一部主力，损兵七千；李广遇上了更大的匈奴单于主力，不仅兵败而且被俘，后来是靠个人的机智和勇武才逃脱。卫青的战略眼光和运气都很好，长途奔袭，一锅端了兵力空虚的匈奴圣地龙城（匈奴祭天与大会诸部处）。

在李广参加的最后一次大战役中，作为主帅的卫青虽然拒绝了李广担任前锋的要求，但也令其侧路袭击，可惜李广居然迷路了。

这样来看，李广不能封侯恐怕不只是运气的问题了。汉武帝时期的封侯标准是斩杀匈奴重要首领，或者斩获首级上千，然而李广从未达到这一标准。这说明他未能达到封侯的“硬指标”。

此外，李广的另一个性格特征也很要命：

元光四年之战失利后，李广被俘后逃脱，按照当时的军法，李广是死罪，后靠族人出钱赎罪才免于一死，被贬为老百姓。然而他居然不知检点自身，之后有次外出回城晚了，因为犯夜被一个县尉扣留了一宿。后来李广重新带兵后，就把这个县尉调到自己军中，找了个借口杀了。

这种公报私仇的行为既说明李广缺乏遵守法纪的意识，也把他性格暴躁的弱点暴露出来，也表明了他心胸狭窄。在雄才大略的汉武帝面前，是很难真正得到他的欢心和重用的。

当然，尽管李广未能封侯，但在两千多年前的那个风云变幻的年代，李广和卫青等名将一起挺身而出，同样为边疆的稳定和百姓的安居乐业作出了卓越的贡献。因此都是值得肯定的英雄，理应受到后人的崇敬。

问世间情为何物

爱情固然美好，但也要保持清醒的头脑……

武帝时期，也是文化发达的时代，还有一段人所共知的爱情故事。

四川邛崃的文君故里有一口文君井，并有一副长联记录这段佳话：

君不见豪富王孙，货殖传中添得几行香史；停车弄故迹，问何处美人芳草，空留断井斜阳；天崖知己本难逢；最堪怜，绿绮传情，白头兴怨。

我亦是倦游司马，临邛道上惹来多少闲愁；把酒倚栏杆，叹当年名士风流，消尽茂林秋雨；从古文章憎命达；再休说，长门卖赋，封禅遗书。

西汉时期的才女卓文君和才子司马相如的爱情故事至今被传颂。

卓文君，临邛（今四川邛崃）大富豪卓王孙的掌上明珠。卓家富到什么地步呢？据说拥有良田千顷，豪宅、香车、宝马自然也不会少，至于金银珠宝、古董珍玩，更是不可胜数。

不仅家庭经济实力雄厚，卓文君本人也是出落得不同凡响。据汉代经学家刘歆的《西京杂记》所载“文君姣好，眉色如望远山，脸际常若芙蓉，肌肤柔滑如脂”，实在是个光彩照人的大美女。在这样的家庭环境中，卓文君受到了极好的教育，琴棋书画样样精通。

可以这样说，如果我们以今天的标准和用语来概述卓文君的话，她就是一名妥妥的“白富美”。这样一位“白富美”，要不招人喜爱是不可能的。

然而在当时的环境下，对于女人们来说，无论你颜值多高、才华多么过人，婚姻是多没有自主权的。所以卓文君十七岁时，由父母包办，嫁给了一个体弱多病的男人。虽然史书上没有记载卓文君的这位丈夫是谁，但可想而知，卓王孙那样的人找女婿，肯定是和官家、豪门联姻的情况居多。这是封建时代的老把戏，卓王孙这样的人不可能不照做，所以文君初嫁的老公也许并不出色，但有钱有势是必定的。

可惜，卓文君出嫁没多久，体弱多病的丈夫便一命呜呼了。当时的礼教还没有后来那么严格，社会风气也没有那样过分保守，所以文君没有待在夫家守寡，而是回到了娘家。

哪个少女不怀情？尽管曾为人妇，但正处人生芳华时节的卓文君仍然憧憬着美好的爱情。她经常在心底默默期许：和一个英俊的白马王子徜徉在爱情的山水之间，在充满书香的房间里吟诗作画，在银色的月光下缱绻缠绵……

事实上，虽然结过婚，可卓文君毕竟出身大富人家，自己在各方面又十分出众，因此在回到娘家之后，仍然不乏追求者。但她始终不置可否，暗暗打定主意，再嫁时一定要找一个心意相通的人。

很快，这个人出现了。

他，就是天下闻名的大才子司马相如。

司马相如，字长卿，蜀郡成都人。不但人长得风流洒脱，文章也写得极其漂亮，尤其擅长写赋，是西汉有名的辞赋家。而且还弹得一手好琴，是当时天下闻名的音乐大家。司马相如少时好读书、学击剑，因为仰慕蔺相如所以改名司马相如。

长大后的司马相如“以訾为郎”，也就是用钱财买了一个郎官（一说是拥有一定的资产自备车马衣服到朝廷做官），因为长得高大英俊，被选做汉景帝的武骑常侍。虽然武骑常侍是皇帝的近身护卫，但对于司马相如这种书生性格来说，他实际上不太适合。这让司马相如干得有些没精打采。

再加上景帝本人治国挺行，却不好吟诗作赋，因而司马相如常有知音难遇之叹。适逢梁王刘武来朝，他才得以和梁王带来的邹阳、枚乘、庄忌等辞赋家把酒言欢，一过辞赋瘾。后来他因病退职，干脆就前往投靠梁王，与这些志趣相投的文人雅士成了同事。

到梁王病故，司马相如失去了依靠。两袖清风的他只好回到家乡，投靠在临邛的好友王吉，还算受到礼遇。

王吉知道司马相如还没有成家，就和他提起当地首富卓王孙的女儿卓文君。说其生得聪颖美丽、无与伦比，现在正在娘家守寡，与司马相如称得上是郎才女貌。

司马相如听后，心里一动，但他将双方的境况做了一下对比，认为差距实在太大，门不当户不对，希望不大。但王吉却认为婚姻讲究个缘分，何况事在人为，因此他告诉司马相如说，一定会找机会撮合他俩。

司马相如见这位老朋友很是热情，也就高兴地应承下来。

就在王吉苦觅良机的时候，卓王孙听说大名鼎鼎的司马相如就住在临邛，为了附庸风雅，便在家里宴请了司马相如和当地一些有名望的人。

趁此机会，王吉向大家介绍说："司马相如先生是当今第一名流，不仅文章写得好，琴弹得也很棒。今天有嘉宾美酒，何不请司马先生弹奏一曲呢？"

众人齐声叫好。

司马相如认为这是一个向卓文君表白的好机会，便没有推脱，而且还花了点小心思，特意献上一曲《凤求凰》，边弹边唱道：

凤兮凤兮归故乡，遨游四海求其凰。时未遇兮无所将，何悟今夕升斯堂。有艳淑女在闺房，室迩人遐毒我肠。何缘交颈为鸳鸯，胡颉颃兮共翱翔。

卓文君早闻司马相如大名，今日一见，果然好一个儒雅之士，心中不禁荡起一片涟漪。又听其琴声卓尔不凡，当下更是欢喜。当客人们都离开后，她依然沉浸在那美妙的乐曲中。

这时，仆人送来一封信。卓文君打开一看，竟然是司马相如写给她的求爱信。文君聪慧，早已明白了司马相如的心思，看了求爱信后，更是激动不已。但她知道父亲虽赞司马相如之才却嫌其无财，是断不会同意这门亲事的。

可是，黄金千两容易得，知心一个也难求。卓文君几经思量，最终下定决心：和司马相如一起走，离开临邛！

对卓文君的举动，有人难免嫌其轻率。但对她来说，这是对爱情最果敢的追求，她也有勇气承担由此带来的一切后果：不管贫富贵贱，我都愿意生死相随。

接下来的故事便如史书所载，“文君夜亡奔相如，相如乃与驰归成都。”

理想很丰满，现实很骨感。来到成都之后，卓文君发现气质不凡穿着不俗的司马相如竟然家徒四壁、身无长物。爱情固然美好，却不能当饭吃。缺少经济来源的二人在成都的生活过得很是拮据，不久后更是连生存都难以为继。无奈之下，两人只得回到临邛。

此时卓王孙因对女儿与司马相如私奔之事十分恼火，所以不肯周济他们。二人靠着亲朋好友的帮助，开了一家小酒馆，卓文君卖酒，司马相如做酒保，方才勉强维持住生活。

临邛首富的女儿居然当街吆喝做起了小买卖，这让卓王孙觉得老脸都被丢尽了，就整天闭门不出。他的亲朋好友都劝他说：“文君既然已经委身于司马相如，生米都煮成了熟饭，你不认可又有什么用呢？何况司马相如穷则穷矣，好歹还有一肚子墨水，跟文君也属情投意合。文君跟了他，不也算有了个归宿吗？再说你也总不能做一辈子老宅男吧？所以，最好的办法是帮助小两口过上好日子，而不是以他们为耻，整天窝在家里逃避现实！”

打断骨头毕竟还连着筋，加之又有旁人的开导，卓王孙很快也就释然了，便慷慨地送给了司马相如他们一笔钱财作为女儿的陪嫁。此后，司马相如和卓文君再次回到成都，买田置地，过起了富足的生活。

看到这里，也许人们会说，两个痴情的人在经历了苦难之后，终于守得云开见月明，过上衣食无忧的日子。从此二人就可以琴瑟和鸣，长相厮守，恩爱一生了。若真的简单如此，他们的爱情故事就不会成为古今最具浪漫色彩的爱情故事之一了。

司马相如在客居梁王处时曾写过一篇《子虚赋》，被刚做皇帝不久的汉武帝看见后，极为喜欢。武帝以为是古人之作，叹息不能与作者同时代。后来得知是出自蜀人司马相如之手，武帝立即召司马相如进京。唐朝诗人李白写的“汉家天子驰驷马，赤军蜀道迎相如”，描述的就是司马相如风风光光去长安的情景。

司马相如也不谦虚，一见到汉武帝他就表示：“《子虚赋》写的只是诸侯王打猎的事，根本算不了什么，请允许我再作一篇天子打猎的赋献给您。”这就是内容上与《子虚赋》相接但文采更出众的《上林赋》。此赋以“子虚”“乌有先生”“亡是公”为假托人物，设为问答，放手铺陈，以维护国家统一、反对帝王奢侈为主旨，歌颂了统一的汉王朝无可比拟的形象，又对统治者有所讽谏，开创了汉代大赋的一个基本主题。此赋一出，司马相如被刘彻封为郎官，后又拜为掌管皇家卫队的中郎将，出使建功。

此时的司马相如在事业上可谓春风得意。尽管史书不载二人后面的故事，但民间传说为这二人添上了一个凄美转折但圆满的结局。传说，这时的司马相如也如同一些暴发户一样，将自己的“糟糠之妻”忘到了九霄云外，天天醇酒美人，“乐不思蜀”，毫不理会卓文君。

这还不算，司马相如后来竟然产生了弃妻纳妾之意。一天，他派人给卓文君送去一封信，信的内容仅仅有十三个字：一、二、三、四、五、六、七、八、九、十、百、千、万。

聪明的卓文君收到信后，很快明白了丈夫的意思：原来这十三个字中唯独没有“亿”字，这就表示与妻子“无意”，也就是要抛弃自己啊！

卓文君顿时泪流满面，一边哭一边给司马相如回了一封《怨郎诗》。其诗曰：

一别之后，二地相悬。只说是三四月，谁又知五六年。七弦琴无心弹，八行书无可传。九连环从中折断，十里长亭望眼欲穿。百思想，千系念，万般无奈把郎怨。

万语千言道不完，百无聊赖十凭栏。重九登高看孤雁，八月中秋月圆人不圆。七月半秉烛烧香问苍天，六月伏天你摇扇我心寒。五月石榴如火，偏遇阵阵冷雨浇花端；四月枇杷未黄，我欲对镜心意乱。忽匆匆，三月桃花随水转；飘零零，二月风筝线儿断。

噫，郎呀郎，巴不得下一世，你为女来我做男。

幸好司马相如良心未泯。他看完妻子的回信，想到了昔日夫妻恩爱之情，不禁感慨万千，也就打消了纳妾的心思，后来亲自将卓文君从临邛迎接进京。

二人之间的爱恨情仇并没有就此结束。

此后，司马相如“贼心不死”，在五十岁的时候再次产生了纳妾的想法。

这次卓文君显得很冷静，既没有痛斥丈夫的移情别恋，也没有哭天抢地诉说自己的不易。她平静地提笔写了一首诗作为回信。这首诗就是著名的《白头吟》。诗中最为后人熟悉并吟唱的，是这两句：

愿得一心人，白首不相离。

在诗中，卓文君还回顾了往昔的时光，也表明了态度。

在卓文君心目中，爱情与婚姻都应纯粹如山巅白雪、云中圆月，她不愿委屈自己，也不想将就着过下去。尽管已经不再年轻，她仍然平静地告诉丈夫：

闻君有两意，故来相决绝。

你既然变了心，那我们一别两宽，各自珍重。

于是，两人最终得以安居林泉，相伴终生。这个爱情故事由此完整，被传为千古佳话。

卓文君的爱情与婚姻究竟是否算得上美满呢？不同的人可能会有不同的看法。但不管怎么说，卓文君对待爱情和婚姻的态度是值得我们赞许的。

故事中，丈夫变心时，她没有逆来顺受，也没有哭闹个不休，而是冷静做出判断，拿得起，也放得下。她的人格，始终是独立的。

作为被赞扬的女性代表，她始终保持了超过同时代甚至一些现代女子的果决品性：认定爱情来临时，勇敢追求；婚姻险遭背弃时，理智应对。

芸芸众生，各有各的活法。但卓文君对待爱情和婚姻的态度可以引起一些思考：追求爱情但不被爱情蒙蔽双眼，永远抱有“白首不相离”的期许，也无惧“故来相决绝”的选择。

“凄凄复凄凄，嫁娶不须啼。”在爱情与婚姻中，拥有适度的清醒与独立，终归还是有用的。

一个生死攸关的抉择

在汉朝的生死关头，汉武帝刘彻做出了一个影响深远的关键抉择……

汉武帝一生文治武功冠绝古今，但连年的战争和种种好大喜功的举动，加上后期的求神仙，致使一边出现“海内虚耗，户口减半”的局面，一边却是武帝向天下百姓刻剥。在这种局面下，百姓起而反抗不可避免。

“巫蛊之祸”的影更是极大，这场发生在朝廷内部的自相残杀，不仅使一直以来众望所归的太子刘据惨死，而且还有大批官员、百姓身死，动摇了国本。

之后，已是风烛残年的汉武帝让人画了一幅画赏赐给大臣霍光。

霍光打开一看，原来这是一幅《周公负成王朝诸侯》图。周公当初被周武王认定为辅佐大臣。周武王死后，周公辅佐周成王处理国事。这一行为被后世称赞不已，认为是辅臣与幼主合作的最佳事例。

霍光凭政治直觉，认定其中必定大有文章，并对未来有所预感，于是更加勤恳地工作。

汉武帝后元二年（前 87 年）春，汉武帝病重，自知不久于人世，急召霍光到病榻前交代后事。

霍光问："陛下如有不测，谁来继承皇位？"

汉武帝轻声叹了一下气，说："你还没明白先前赐给你那幅画的意思吗？立弗陵，你辅佐他！"

这是汉武帝的临终交代，也是一份沉重得让人无法呼吸的遗嘱。要知道，此时的刘弗陵年仅八岁，谈何治国理政？可叹这位雄才大略的汉武帝，风光一生，风流一世，临终时却找不出一位可以接过皇帝重任的成年儿子，不得不玩一把风险极大的托孤。

当时的霍光一无军功，二无大的政绩，看上去也没有特别的过人之处，为什么汉武帝要托孤给他呢？

这要从霍光的身份说起。

霍光是霍去病同父异母的弟弟。霍去病因在征讨匈奴的战争中立下汗马功劳，成了国家的军事支柱，深受汉武帝的宠爱。霍光正是依靠这样的背景，十余岁时就到长安，后为奉车都尉（管理御车的官）服侍武帝。

霍光谨慎稳重，出入禁宫二十余年，从不犯错，因此很得武帝信任。据说他每次出入殿门、上下殿阶，停走都有固定的位置，郎官仆射暗中记下仔细察看，发现每次都一寸不差。他的禀性就是这样严谨，一丝不苟。

这样的人，就凭干事情的认真劲儿，也容易得到别人的青睐。这大约就是汉武帝最后选择他做首席辅政大臣的主要原因之一。

另外一个原因还得从汉武帝后期的人才群体谈起。

应当说，从刘邦的时代开始，汉朝就是人才辈出，到武帝时期更是如此。这些文臣武将无论是在政治、军事，还是在经济、文化、思想领域，都为汉朝作出了卓越的贡献。但“巫蛊之祸”后，武帝朝却出现了无人可用的窘状。

原因何在？还得怪武帝自己，武帝晚年猜疑好杀。“巫蛊之祸”发生前，朝政已然苛急，有三任丞相都因罪而死。“巫蛊之祸”发生后，包括丞相公孙贺在内的众多文臣武将，要么被杀，要么自杀。曾经人才济济的汉王朝，此后居然出现了官位空缺的局面。

武帝原本也想从朝廷重臣中寻找托孤之人，但是放眼一看，朝中重臣只剩三个。丞相田千秋庸才一个，御史大夫商丘成又不得武帝喜欢。至于桑弘羊，本是一个不可多得的经济人才，做辅臣是可以，但做首席辅臣就差那么一点意思了。毕竟懂经济不等同于懂政治，而政治显然比经济复杂得多。

剩下来的合汉武帝心意的人选，不用说也就有且仅有霍光了。霍光虽然官职低，但他看起来很老实。况且武帝本就宠信卫青、霍去病二人，虽然二人已不在人世，但武帝仍然时常想起他们。爱屋及乌的缘故，显然与霍光更亲近一些。

不过，汉武帝认定霍光是最佳辅臣，可能还有一个原因。

征和元年（前 92 年），赵王刘彭祖死。汉武帝想立刘彭祖的儿子刘淖子为赵王，但有人跟武帝说，刘淖子能力强，野心大。汉武帝立即否定了自己的选择，理由是“多欲，不宜君国子民”。然后改立刘彭祖另一个无功也无过的儿子刘昌为赵王。

从这件事情可以看出，这时的武帝已经处在一个反省期。他不想赵王多欲害民，当然也不想他的继承者继续走他东讨西伐的老路。

霍光日常表现出来的宽缓、平和、稳健、谨慎的政治倾向是汉武帝所中意的。

以上这些因素交织在一起，霍光就成了托孤的不二人选。

霍光追随汉武帝多年，目睹了汉武帝事业由盛而衰的全部过程。因此，他对社会局势的复杂与严峻的了解要比别人深刻得多。由于是汉武帝的近臣，霍光对汉武帝晚年思想、感情变化的脉络也观察得一清二楚。有这样的优势，他明白汉朝需要什么样的继承者，需要什么样新的执政风格。

后来的历史证明了这一点。霍光宽容执政，大大缓解了汉武帝统治后期政治严苛的形势：继续前朝的休养生息政策，采取一系列轻徭薄赋的措施，逐渐恢复了汉朝社会经济兴盛的局面。

对武帝最终选择托孤霍光，宋朝的司马光曾说武帝是，“晚而改过，顾托得人，此其所以有亡秦之失而免亡秦之祸也！”

司马光的这一评价，还是比较客观的。

第五章

最终走上下坡路

从混乱中重新爬坡

整顿好朝纲，混乱中的汉朝又重新走上了正轨……

汉武帝后元二年（前 87 年）春，病危中的汉武帝正式下诏：封霍光为大司马大将军（汉武帝设置大将军，前面加大司马名，以代太尉之职，为最高军事长官），加封桑弘羊为御史大夫、金日磾为车骑将军、上官桀为左将军，共同接受遗诏辅政，辅佐幼主刘弗陵。

第二天，武帝驾崩，八岁的刘弗陵即位，是为汉昭帝。

此时，摆在小皇帝面前的国家，百废待兴，问题很多。

尽管刘弗陵已经正式即位，四大辅臣也已就位，但对朝政大权虎视眈眈的人并没有减少，政治斗争更趋激烈。

当时，汉昭帝年方八岁，由其姐姐鄂邑盖长公主抚养。长姐如母，加之盖长公主也想巩固自己的地位，因此便心急地开始为弟弟寻找皇后。

此时，同为辅政大臣，但地位、权势均逊于霍光的上官桀觉得这是一个捞取更大权力的机会，便削尖脑袋活动起来。

上官桀的策略是想将自己的孙女嫁给昭帝做皇后。

上官桀和霍光本是儿女亲家，上官桀的孙女即霍光的外孙女。然而，当上官桀的儿子上官安就此事征求老丈人的意见时，却遭到了霍光的反对，理由是两个孩子年龄太小。

上官桀父子见此路不通，就走了另外一条路，去找盖长公主的男宠丁外人。由丁外人说服盖长公主，最后愿望得成。上官桀的孙女先是进宫做了婕妤，一个多月后即被封为皇后，此时她才六岁，堪称汉代年龄最小的皇后。上官安也“父凭女贵”，被加封为骑都尉。

上官桀因为在孙女封后的事情上受了盖长公主、丁外人的帮助，总想找机会感谢一下，再拉近一下彼此的关系。于是就去请霍光封丁外人为侯。

霍光的回答却很干脆：“有功者始得封侯。”

上官桀见霍光态度坚决，就降低要求，说给封个光禄大夫的职位也可以。

霍光却依然拒绝，并且说：“朝廷待盖长公主不薄，她也不应有过分奢求才对。”

然后又这个那个地讲了一大通。总而言之，原则是原则，无法变更。

霍光这一不给面子的行为无疑同时得罪了两个人：上官桀和盖长公主。

此时，还有一个人也对霍光产生了不满。这个人就是同为辅政大臣的御史大夫桑弘羊。

桑弘羊在武帝时期，推出了诸多经济政策，大幅增加了政府的财政收入，为汉武帝反击匈奴奠定了雄厚的物质基础。因此，他认为自己功高一等，便想着为自己的亲戚子弟谋官爵，结果同样被霍光拒绝。这样一来，霍光连桑弘羊也得罪了。

上官桀、盖长公主和桑弘羊三人对霍光的不满很快被燕王刘旦知道。

刘据死后，燕王刘旦是汉武帝最年长的儿子，但武帝没有传位给他，反而传给了最小的刘弗陵。这让刘旦心里一直很不满，虎视眈眈地盯着帝位。刘旦这会儿正准备造反呢，为了增加成功的可能性，他开始拉拢上官桀等人。很快，以燕王刘旦为首，上官桀、桑弘羊和盖长公主为辅的造反团队成立了。

公元前 81 年，造反团队决定动手。他们的策略是，以燕王刘旦的名义向昭帝上奏章，告“霍光擅自调兵遣将，在京师戒严，意欲谋反”。上官桀和桑弘羊则在朝中一起逼迫霍光。

这当然能置霍光于死地，但奏章怎样交上去却成了问题。因为霍光秉政，正常情况下必定先看到这份奏章，所以必须要绕过霍光，直接交给昭帝。

上官桀的办法是打时间差，在霍光休假时上奏。他们的想法是，只要皇帝说句话，就立即动手。这并非没有可能。毕竟，这时的昭帝只有十四岁，很容易受人蛊惑。然而昭帝看完奏章却一言不发。

第二天上早朝，霍光听说有人告发自己，就待在西阁中不进殿。

汉昭帝问："大将军在哪里？"

上官桀乘机回答说："因为燕王告发他造反，所以他不敢进来。"

汉昭帝大声说："请大将军进来。"

于是霍光入内，摘下帽子磕头谢罪。

汉昭帝说："请戴上帽子，这封信是假的，将军无罪。"

霍光问："陛下怎么知道的？"

汉昭帝说："以你现在的实力，如果真要造反，根本不用如此大动干戈！再说，就算近日里有调兵遣将，但这么短的时间燕王远隔千里又怎么能知道呢？"

大臣们纷纷对昭帝这么小的年纪就有这样的智慧表示惊叹，一场风波就此平息。上官桀等人的阴谋流产，霍光的政治地位得到稳固，昭帝更信任霍光了。

上官桀等人并没有就此罢休，决定铤而走险。他们的办法是，摆一次"鸿门宴"，由盖长公主设宴请霍光，到时候部署好伏兵，一举将霍光杀掉。除掉了霍光，然后就废掉昭帝，改立燕王。

只是计划不如变化。武装谋反的计划被盖长公主门下一名管理稻田租税的小官知道了。这个人随即向朝廷告发。

昭帝和霍光获悉后觉得事态严重，便先发制人，将上官桀、上官安、桑弘羊等主谋统统逮捕，连同盖长公主的男宠丁外人等全部族诛。盖长公主、燕王刘旦则畏罪自杀。

平定了上官桀、桑弘羊等人叛乱后（另一辅政大臣金日磾此前已病逝），朝廷内部麻烦总算告一段落。

在对匈奴方面，霍光采取恩威并施的策略，一面与匈奴恢复和亲，一面不放松武备，在边境上继续发展屯田，整军备战。

这时期的匈奴曾出过一个厉害人物狐鹿姑单于，击败过武帝末期的大将李广利，并迫使李广利投降。虽然他在胜利后得意扬扬地宣称匈奴是“天之骄子”，欲使匈奴重新称霸一方，但他本人在公元前85年即死去，只能与先逝两年的汉武帝在九泉之下继续争锋了。

狐鹿姑单于的死给匈奴内部带来了“多米诺效应”。他的弟弟右谷蠡王不满自己没能接班，欲率众归附汉廷，使匈奴陷入内乱。而这边则站出了一个名叫赵充国的大将，多次击败匈奴人的侵袭，迫使匈奴只能选择与汉廷修好。

在汉武帝末年已走下坡路的汉王朝，又开始重新爬坡了。

牢狱中走出的好皇帝

忍一时，就很可能海阔天空，汉宣帝的经历说明了这句话的正确性……

汉朝又开始爬坡了，汉昭帝本人的健康状况却持续滑坡。

这位少年君王在登基后，一开始由于年幼，国家大事都由霍光处理，自己每天过着无忧无虑的孩童生活。但随着年龄的增长，霍光也很识趣，越来越多地将政权移交给汉昭帝。不出意外的话，这位睿智的少年天子，很可能成长为一代明君。

然而天不遂人愿，意外偏偏发生了，公元前74年，原本朝气蓬勃的汉昭帝突然病逝，年仅二十一岁。

汉昭帝一生没有儿子。他死后，霍光等一干大臣们就商量立谁当皇帝。许多人主张立昭帝的哥哥广陵王刘胥。

刘胥外表看起来倒像是个当一把手的料，身材高大、体魄健壮、英俊帅气、风度翩翩，讲起话来一套又一套，颇有大家的风范。但此君有两个怪癖：一是喜欢举重，没事就扛个鼎什么的，从皇宫东头举到西头；

二是喜欢空手与狗熊、野猪等猛兽打架，不见血不撒手。

通常来说，这样的人多半是做不了皇帝的。霍光因此毫不犹豫地排除了刘胥，最后选定了十八九岁的昌邑王刘贺。

可惜，这次霍光看走了眼。

选定刘贺为帝位接班人后，霍光理所当然地要求刘贺到长安主持昭帝的丧礼，并连夜发出玺书。

刘贺接到玺书后，第二天中午从昌邑出发，傍晚赶到定陶，一口气跑了一百三十五里，侍从们的马不断累死在道上。

接下来的事更让人瞠目结舌，路过济阳时，刘贺让人去买当地特产，还派人寻找一种当地特有的叫声悠长好听的鸡；经过弘农时，又派人去搞来漂亮女子藏在车上……总之，对路过的地方，空手而去不是他的风格。看得随行的大臣们纷纷摇头。

快到京城时，郎中令龚遂实在看不下去了，便提醒他说："按礼制，奔丧时看到国都后一定要哭，而且要哭得很悲伤，一直哭到皇宫之中。现在我们已经到长安的外城门了……"

没想到刘贺的回答差点让龚遂哭起来。

刘贺说："要不你来哭吧，我嗓子痛，哭不了……"

快到未央宫东门时，龚遂说："大臣们都在，已经到门口了，按规矩必须要哭丧了……"

刘贺想了一下，勉强下车，跪在地上哭了一阵，然后进殿，又继续哭了一阵，总算把戏演完了。结束后，刘贺接过了皇帝的玉玺，正式当上了汉王朝的皇帝。

按惯例，国丧一般都是三年，严格来说，三年里不许寻欢作乐，甚至都不能表现得很高兴。但对大多数人来说，越往后也就是做做表面文章而已。但是刘贺连一时半刻都不能忍，饮酒作乐，甚至在皇宫里淫乱。

私生活已然如此不堪，没想到刘贺的政治才能更是不堪。他即位后，对推举他做皇帝的大臣们一个都不理睬、不嘉奖，仍是和以前的厨师、车夫、太监等一起胡混。

当初，是霍光力排众议拥立他为皇帝，但他这种作为无疑是在打霍光耳光。权势熏天的霍光哪里受得了！江山社稷不能毁在这个败家子手里，因此霍光立即与太后一起将他废黜。公元前63年，刘贺被贬到了海昏县（在今江西北部）当了海昏侯，四年后便郁郁而终。

刘贺被废黜后，十八岁的武帝嫡曾孙刘询被推举为帝，他就是历史上著名的汉宣帝。汉宣帝原名刘病已，是太子刘据之孙。

说起汉宣帝的命运，还真是坎坷。

当年，因“巫蛊之祸”的爆发，太子刘据一族全被收监处斩，唯独襁褓中的刘病已侥幸逃过一死，被收押在特别监狱中。

武帝后元二年（前87年）春，刘病已尚不满五岁。汉武帝突然病重，皇宫中会看风水的人就说，是因“长安狱中有天子气”所致。向来迷信的汉武帝顿时心惊肉跳，当即派一个叫郭穰的手下去调查特别监狱里的犯人，要求不论罪轻罪重，通通予以斩杀。

虽然郭穰知道这是一句谣言，其目的是有人打听到狱中有刘据的嫡孙，想借机将他除去，但君命不可违，他只能照办。

看来灾难这次要降临到刘病已身上了，但幸运的是他遇到了一生中最重要的贵人邴吉。

邴吉此时受命管理监狱。当郭穰来到监狱时，邴吉抗旨紧闭大门，并且大声说道：“皇曾孙在此，普通人都不能无辜被杀，何况皇上的亲曾孙呢！”

双方一直僵持到天亮，郭穰也无法进入，只好回去报告汉武帝。

或许此时方知刘据还有孙子在世的汉武帝良心发现，不但没有治邴吉的罪，反而还说“这是天意吧”，于是大赦天下。刘病已的小命这才得以保全。

或许是有这种苦难经历的缘故，刘病已始终认为，人生在世，最重要的是要想办法生存下去。因此，幸运地成为汉宣帝后，他很明白事理，事事处处让着霍光，任由他处理国家大事。

一个人独揽大权惯了，就很难低调做人，霍光也是如此。霍光的至亲和助手指挥禁军；他的儿子霍禹和侄孙霍山是朝廷的重臣；更有甚者，霍光的妻子为了让女儿霍成君做皇后，竟然将皇后许平君毒死，然后如愿取而代之。尽管这件事霍光事先可能并不知情，但仍是难辞其咎。

许平君在汉宣帝贫贱之时嫁给他，与其相濡以沫多年，夫妻二人感情极好。她的离开是汉宣帝一生的悲痛，直到很多年之后，汉宣帝还写诗悼念她。

许平君的过世让汉宣帝与霍光的关系发生了变化，君臣二人有了隔阂。霍成君被立为皇后，排场极大、铺张奢侈，与勤俭持家、温良贤淑的许皇后完全是两类人，而且还脾气暴躁。

汉宣帝能做的事，归纳起来就是一个字：忍。就在汉宣帝不断忍让的同时，大汉王朝在霍光的操持下，依然蒸蒸日上。

终于到头了，公元前 68 年，操劳一生的霍光因病去世。汉宣帝给予了霍光极大的尊重和荣宠，以皇室成员的规格礼葬了他。但霍家人的命运，却从此开始了巨变。

其实对于霍光家族，汉宣帝开始并没有清算之意，虽然霍家害死了他的结发妻子，但对霍光的拥立之功、辅政之劳，汉宣帝还是很感激的。事情的改变是因为霍家后人日益嚣张跋扈，屡做违法的事情。

汉宣帝也没有一下子硬来，而是不断削减霍家的势力。他通过明升暗降、调离京城等手段，将霍光的女婿、姐夫等一干握有军权之人的权力削夺，而以自己的亲信取代。这样，汉宣帝将军队掌握在了自己手中。接下来，宣帝又对上书制度进行了改革，下令吏民上书直接呈皇帝审阅，群臣觐见皇上可以独自往来，而把霍家在朝中当政的人架空。通过这一系列步骤，霍家掌握的实权渐渐被剥夺殆尽，权力集中到宣帝手中。

面对宣帝夺权的行动，霍家人先是不满，后是惶恐不安。特别是当他们知晓宣帝知道了许皇后被毒杀的真相后，决定像当年的上官桀那样铤而走险。然而，霍家的结局也像当年的上官桀一样，输得一败涂地。

谋反的消息从一开始就被汉宣帝掌握，还没等霍家发难，宣帝就抢先下手，将霍家人一网打尽。隐忍多年的汉宣帝，从此真正地掌握了政权。

亲政后的汉宣帝，开始大展手脚。作为从底层上来的皇帝，他深知百姓痛恨什么。因此，他首先对吏治重新整合，其中最重要的是反腐败。他派出大批精干官吏，整顿已经冒头的地方腐败现象，严查贪官污吏。他还对汉朝律法进行修正，废除了汉武帝时期制定的诸多苛刻残暴法令，治官以严苛，治民却以宽简。汉王朝的官风民风，在这一时期呈现出清朗的局面。经济方面，汉宣帝继承了休养生息政策，但也强化了汉武帝时期经济改革的成果。尤其是他大力削弱豪强，将土地尽可能地分配给农民耕种，进一步缓解了阶级矛盾。工商业方面，在加强税收管制的同时，进一步放宽经营限制，这时期的工商业和农业都有长足发展。

对匈奴方面，汉宣帝的功绩丝毫不亚于武帝，甚至可说更为杰出，是基本解决了匈奴问题。

公元前 81 年，趁匈奴攻打乌桓，汉军大胜匈奴。公元前 72 年，汉宣帝再重拳打击匈奴——联合丁零、乌桓、乌孙四面夹击匈奴。匈奴接连遭到失败，内部矛盾激化，最后分裂为几部势力，相互攻杀。

在汉宣帝的招抚政策下，公元前 51 年，匈奴呼韩邪单于亲到长安，对汉宣帝称臣。就这样，经过百多年的战争状态，汉朝终于赢得里程碑性质的匈奴归附。早已作古的汉武帝若九泉有知，也当为自己的曾孙点上一个大大的赞！

这是一个永垂青史的伟大成就！

理当铭记的女性

女人们作出了不朽的贡献……

黄龙元年（前 49 年）十二月，中兴明君汉宣帝英年早逝（年仅四十四岁），其子刘奭继位，是为汉元帝。

汉元帝建昭三年（前36年），汉西域副校尉陈汤率兵四万人，分两路对此时横行西域的匈奴郅支单于发起进攻。陈汤大胜，汉军杀死了郅支单于，匈奴问题得到最后解决，巩固了汉朝在西域的统治。

战争是残酷的，在整个对匈奴的战争中，军民付出了沉重的代价。这其中，妇女们也作出了极大的贡献。

将士们在前方打仗，白发双亲老无所依。做妻子的，任劳任怨地侍奉公婆，养育子女，艰难困苦缠绕她们的一生。大量士兵死在战场或征途上，年轻的寡妇凄凉地挣扎在贫困无助的孤苦岁月中。至于在土地上耕耘，在家里缺乏青壮男劳力的情况下，更是她们没法推卸的辛苦劳作……可以说，没有这些普通妇女的牺牲，没有她们在后方默默无闻地全力支撑，反击匈奴无法进行，社会和家庭也无法正常运转。

在与匈奴相关的历史时，和亲政策无疑也发挥了重要的稳定和交流作用。那些为了国家的需要去和亲的女性，她们的努力、她们的贡献、她们的牺牲，不应被遗忘。她们中的杰出者，细君公主、解忧公主、冯夫人、王昭君等，即是代表。

汉武帝时期，乌孙依仗兵力强盛，不肯听匈奴的命令。匈奴几次发兵攻击，都没能取得胜利。据《汉书·张骞传》记载，张骞向武帝建议："汉遣公主为夫人……则是断匈奴右臂也"。

"断匈奴右臂"的战略思想为武帝所接受，于是以联络乌孙为目的，张骞第二次奉使西域。张骞到达后，见到了乌孙昆莫（昆莫是乌孙王号）猎骄靡。

张骞同猎骄靡谈判结盟，提出"汉遣公主为夫人，结为昆弟"。但当时乌孙正面临内部反叛，再加上慑于匈奴的气焰，乌孙犹疑不决。不过，乌孙已经见识到汉廷威仪，特遣使向汉武帝献马数十匹。

直到元封六年（前105年），乌孙终于派使臣向汉武帝献良马千匹为聘，请求和亲。于是，武帝封江都王刘建的女儿细君为公主，嫁与猎骄靡。

对于这次与乌孙的联姻，史书记载较为详细。当时汉武帝赐给公主乘舆和服饰等大量物品，可以说嫁妆极为丰厚，而且还配备了属官、宦官和侍者数百人，显得极为隆重。

细君公主嫁到乌孙后，由于语言不通，生活难以习惯，又思念故乡，于是作《悲愁歌》：

吾家嫁我兮天一方，
远托异地兮乌孙王。
穹庐为室兮旃为墙，
以肉为食兮酪为浆。
居常土思兮心内伤，
愿为黄鹄兮归故乡。

细君公主的悲歌传到汉武帝的耳中，汉武帝也不禁为之感动，非常怜悯她的境况。于是，每隔一年，他便派遣使者携带锦绣帷帐送给细君公主。

当时，猎骄靡年岁已老，准备让他的孙子军须靡继承王位，并娶细君公主为夫人。细君公主不答应，连忙写了一封信，向武帝说明这个情况，请示应如何处理。为联合乌孙对付匈奴，武帝命细君公主顾全大局，要她“从其俗”。

细君公主只得又嫁军须靡。军须靡继位后，细君公主为他生下一女。但因产后失调，加上心绪难平，不久细君公主就忧伤而死。

作为汉朝与乌孙的第一个友好使者，细君公主积极联络乌孙上层贵族，使乌孙与汉廷建立了巩固的联盟，初步实现了联合乌孙、遏制匈奴的战略目标。

细君公主不幸去世后，为了继续巩固关系，武帝又把楚王刘戊之女解忧公主嫁给军须靡。

与细君公主偏内向的性格不同，解忧公主性格开朗，聪明伶俐，一颗女儿心中有着不输须眉的勇敢和刚强。对于和亲政策，解忧公主有着充分的理解。她认为，既为汉室子孙，理当为国分忧，边境有狼烟，“正是男儿驰骋时，羡煞红颜”。所以细君公主的遭遇没有吓倒解忧，汉武帝一封诏书，解忧公主即慷慨向西而行。

军须靡死后，解忧也从俗嫁其堂弟（军须靡叔父的儿子）翁归靡，生三男二女：长子元贵靡，后为昆莫；次子万年，后为莎车王；三子大乐，为左大将；长女弟史，为龟兹王绛宾妻；小女索光，为若呼翎侯妻。

解忧嫁给翁归靡期间，二人情投意合。翁归靡对解忧公主关怀备至，言听计从。乌孙与汉廷之间书信、人员往来不断，相亲相近，同进同退，与匈奴日益疏远。

昭帝末年，匈奴屡次发兵侵略乌孙，企图胁迫乌孙断绝和汉廷的联盟。解忧公主当即上书请求汉廷出兵救乌孙。可惜适逢昭帝驾崩，汉廷没有及时发兵。宣帝即位后，解忧和翁归靡又分别上书汉廷求援。宣帝遂发大军十五万，乌孙发兵五万，一起将匈奴打败。

后翁归靡死，军须靡和匈奴夫人生的儿子泥靡成为昆莫，号狂王。解忧公主复嫁泥靡，生一子鸱靡。

泥靡是匈奴的外孙，为人暴虐无道，引起部属的不满，和解忧公主的关系当然也不好。乌孙政局由是发生了动荡。解忧公主和汉廷使臣杀泥靡未遂，泥靡受伤出逃。

泥靡的儿子细沈瘦为父报复，发兵围解忧公主于赤谷城达数月之久。后来，西域都护郑吉会合各方发兵相救，细沈瘦才退兵而去。不久，翁归靡和匈奴夫人生的儿子乌就屠也乘机作乱。他带领一部分人马跑到北山中，以匈奴为号召自立门户，杀死了逃亡在外的泥靡后，自立为乌孙昆莫。

这里要插上一句，随同解忧公主一起远赴乌孙的侍女中有一位非常出色的女性——她就是有“中国历史上第一位女纵横家”之称的冯嫽。冯嫽虽然出身低微，但是知书达理，聪慧而富有见识，尤其能言善辩、沉着稳健，深得解忧公主喜爱。二人以姐妹相称。冯嫽随解忧到乌孙后，嫁给乌孙显赫的右大将为夫人。因其才华出众，被乌孙上层乃至各部贵族尊称为“冯夫人”。她既有政治才能，又善于说辞，所以享有很高的声誉。冯嫽不仅陪伴解忧公主度过了在乌孙的漫长岁月，而且常以解忧公主使者的身份斡旋各方，化干戈为玉帛。

由于乌孙发生动乱，汉廷与乌孙对抗匈奴的联盟行将破裂。为此，汉朝派一万五千士兵进驻敦煌，密切监视乌孙的动向。同时，西域都护郑吉知道乌孙右大将和乌就屠私人关系很好，又了解冯嫽的才干和威望，便请冯嫽去说服乌就屠，以期尽快平息乌孙内乱。

冯嫽慨然上路，冒着生命危险，亲到山中面见乌就屠。以其“三寸不烂之舌”，动之以情，晓之以理，言朝廷大军已出，不如归降，终于说动了乌就屠。乌就屠请冯夫人从中斡旋，希望汉廷能给他一个封号，而且只要小号（当小昆莫）即可。

汉宣帝得到信息后，为妥善处理，决定征冯嫽入朝，亲自了解实情。由此，冯夫人万里赴朝，餐风饮露，风尘仆仆，回到阔别已久的长安。冯嫽这次归来，与当年出塞时不同，已身负重大使命。

汉廷对这位冯夫人闻名已久，宣帝亲自召见她，询问乌孙情况，并虚心听取她的意见。冯嫽详尽介绍了乌孙的情况，同时陈述自己的意见，并表示愿意为巩固汉廷和乌孙关系尽力。

通过当面交谈，汉宣帝对冯嫽十分赏识，就正式任命她为正使，乘锦车、持汉节，带领副使和随从人员回乌孙。就这样，冯嫽成为中国历史上第一位由中央政府派遣的女性正使，这在世界史上也极为罕见。

到乌孙后，冯嫽以宣帝的名义，代表汉廷正式册立解忧公主长子元贵靡为大昆莫，乌就屠为小昆莫，并赐给二人印绶。就这样，冯夫人靠着自己的勇敢和超强的能力，既和解了乌孙内部的纷争，又解决了乌孙和汉廷的矛盾，圆满完成了任务。

宣帝甘露三年（前 51 年），解忧公主年老，思归故土，便向汉宣帝上书请回。宣帝通情达理，派人前往迎接，解忧遂携三个孙辈回到阔别数十年的长安城。

红颜离家白首回，长安城繁华依旧，青春却已一去不复回。不独公主自己，连汉宣帝都感慨万千，以极高的规格接待和安置了这位国家功臣。解忧在安享了两年的晚年时光后去世。

在解忧公主回故土前，元贵靡、鸱靡都已病死。元贵靡已立儿子、解忧公主之孙星靡为大昆莫。但星靡继位后，乌孙政局不稳。此时已经随同解忧公主一起回到长安的冯夫人上书皇帝，请求再次奉使乌孙，以帮助星靡稳定局面。汉廷当即派了一百多士卒护送她前往。冯夫人回到乌孙后，果然使局势重得安定。后来，解忧公主之孙伊稚靡、曾孙雌栗靡都做了大昆莫。

当时的冯嫽已届高龄，仍不辞劳苦地跋山涉水、万里奔波，为巩固乌孙以及汉廷与乌孙的联盟尽心竭力，真正是老骥伏枥，志在千里。解忧公主和冯夫人都是世间的奇女子！

除了上述几位女性外，在和亲的队伍中还有一位更为出名的女性叫王昭君。

王昭君，名嫱，字昭君，晋时因避司马昭讳，改称明君或明妃，南郡秭归（今属湖北）人。

王昭君的事迹在正史记载中寥寥数十个字，但在稗官野史中记载却非常多，而且更富于传奇色彩。作为中国“古代四大美女”之一，“昭君出塞”的故事现在是家喻户晓。

下面我们就再来看一下：

王昭君的父亲叫王穰，他视昭君为掌上明珠，倍加呵护。在父母无微不至的关怀下，生在良家的王昭君出落得花容月貌。

汉元帝时，王昭君被选入宫中。据说，由于后宫的美女太多，汉元帝没办法做到每个都见面，也不可能自己每天去后宫挑选。于是汉元帝想了一个办法——请画师把她们都画下来，自己每天只看画，觉得画上哪个美女顺眼，就召幸谁。

画画的任务交给了宫廷画师毛延寿。接受了任务的毛延寿，自然成了香饽饽。宫女们为了得见龙颜，纷纷贿赂毛延寿，希望他将自己画得美一点。唯独王昭君比较有骨气，宁愿被画得丑，也不贿赂画师。

民间流传说，毛延寿在给王昭君画像时，曾经暗示她：“一幅肖像画得好不好关键在于眼睛，就和画龙一样，神来之笔在于点睛，所谓明眸皓齿也，一点值千金。”王昭君是何等聪明之人，怎会听不出毛延寿的话外音？但她偏偏不买账，而且还反讽了几句。

当然，也可能是王昭君家里不富裕，加上刚进宫，不懂宫中的“潜规则”，所以没有准备这笔贿款；抑或是她对自己的美貌比较有信心，觉得天生丽质难自弃，不怕君王眼睛瞎。不管怎样，王昭君就是不肯贿赂毛延寿。

毛延寿见这小姑娘人虽长得漂亮，却不太“懂规矩”，而且嘴巴还不饶人，于是恶意地将本该点在眼睛上的丹青点在了脸上。这样一来，王昭君的一张俏脸变成了麻子脸，一对顾盼多情的眸子变得黯淡无光。

于是，王昭君一直没有得到汉元帝的召幸。在幽深寂寥的后宫中虚度几年时光，直到呼韩邪单于到长安朝见时，她才得以走出深宫。

当时，呼韩邪单于来朝见汉元帝，汉元帝下旨赐给他五个宫女。一想到要去往遥远的地方，宫女们都低下了头。但在宫中不得意的王昭君，心怀愤懑，自告奋勇地站了出来，说她愿意去。

在送别的宴会上，元帝终于见到了王昭君。据说，当时汉元帝肠子都悔青了，他无论如何也想不到身边竟有如此倾国倾城的绝色佳人。可“君子一言，驷马难追”，何况还是君王。只得在内心深处狠狠地扇了自己几巴掌，然后含恨将她送走。

这边汉元帝哑巴吃黄连，那边呼韩邪单于笑得合不拢嘴。这位草原长大的首领没想到自己会得到如此光彩照人的宫中女子！

王昭君的心情则像打翻了五味瓶，酸甜苦辣一起涌上心头。她想说点什么，却又什么都说不出口。只好在去往北方的途中，弹起心爱的琵琶，一诉衷肠。

王昭君一边走，一边弹，曲调哀婉凄切。据说南飞的大雁听到这位美丽女子的琵琶声后，都忘记了摆动翅膀，纷纷跌落地下。从此，昭君就有了“落雁”的别称。

王昭君远嫁草原后，呼韩邪单于与她恩爱异常，封其为阏氏，也就是单于正妻。二人生了一儿一女，儿子伊屠智牙师后来被封为匈奴右日逐王。三年后，呼韩邪单于因病去世。王昭君只好按习俗嫁给呼韩邪与另一妻子所生的儿子复株累若鞮单于，后来又生了两个女儿。

王昭君作为单于阏氏，一直为巩固汉廷和匈奴的关系作贡献。据说，王昭君一生思念故土。弥留之际，她一再嘱托子女，一定要把她的坟墓设计成坐北朝南的方向，这样她就可以永远望着自己的故乡。

汉成帝与赵飞燕

汉成帝荒淫奢侈，宠幸赵飞燕、赵合德姐妹……

西汉的衰落，《汉书》上说“衰于元成”。这里的“元成”，是指西汉末期的两任皇帝：汉元帝和汉成帝。

汉元帝刘奭在位十七年。在位期间，除了被史家津津乐道的“昭君出塞”外，在其他方面并无多少建树。

相反，他信任宦官、重用外戚，自己不务政事。宦官石显等人擅权，外戚许氏等人放纵，汉朝政局的混乱肇始于此。

不过，真正把西汉送上不归路的，是汉元帝的儿子刘骜。

竟宁元年（前 33 年）五月，汉元帝以四十三岁之龄在长安未央宫去世。其子刘骜继位为汉成帝，开始了他荒唐的皇帝人生。

刘骜在位期间，荒于酒色、优柔寡断、不理朝政，外戚擅权成尾大不掉之势。这其中最具代表性，也最为人们所熟知的，自然是他宠信汉宫飞燕——赵飞燕、赵合德姐妹俩的事。

有个成语叫“环肥燕瘦”，“环”指的是唐玄宗的贵妃杨玉环，“燕”就是指赵飞燕。据说赵飞燕的腰“盈盈一握”，此说是否带有夸张的成分，因未亲自得见，不敢妄下结论。但赵飞燕之苗条，当能羡慕死现在那些用尽千方却仍不得减肥之法的女人们。赵飞燕的妹妹赵合德长得则是另一番模样。她体态丰腴，曲线诱人，美艳妩媚与赵飞燕不相上下。

除了“硬件”超一流，赵飞燕的“软实力”也相当出众。赵飞燕长大后被送入阳阿公主府，接受音乐熏陶，系统学习歌舞。

明人画的《千秋绝艳图》中有赵飞燕的舞姿图。画面上的赵飞燕盛装披巾，在一小方毯上起舞，只见她平展双臂，翻飞长袖，右腿微屈而立，左腿屈膝轻提，头部微倾，表情温婉。

关于赵飞燕，《赵飞燕别传》中有这样的描述：“赵后腰骨尤纤细，善踽步行，若人手执花枝颤颤然，他人莫可学也。”

汉成帝刘骜素喜游乐，有一次他出行来到阳阿公主家。公主召歌伎助兴。赵飞燕那勾人魂魄的眼神、清丽动人的歌喉、婀娜曼妙的舞姿，一下子就迷倒了汉成帝。成帝遂将其带回宫中。

赵飞燕为了讨汉成帝欢心，她把单人舞逐渐发展为群体舞，各种舞姿的变化时有创新。由于赵飞燕身轻若燕，因而能在空中做高难度的技巧展现，而且舞姿轻盈飘逸，挥洒自如。

传说，汉成帝为了取悦赵飞燕，令工匠建造了一艘华丽的御船。一天，成帝带着飞燕一同泛舟玩乐。飞燕穿着华丽的衣服，伴随《归凤送远》之曲，翩翩起舞。汉成帝令侍郎冯无方在旁边吹笙配合。舟至中流，狂风骤起，险些将身轻如燕的赵飞燕吹入水中。成帝喊冯无方快救赵飞燕。冯无方于是丢了笙，抓住了赵飞燕的脚。此事再经谄媚之人渲染，就成了“飞燕能作掌上舞”。

入宫后，赵飞燕得到非同一般的宠幸。后来，汉成帝又听说了赵合德，于是也召入宫中。两人都被封为婕妤，同受宠幸，一时“贵倾后宫”。原先很受宠爱的许皇后被冷落一旁。后来，许皇后被废，赵飞燕成为皇后，赵合德被封为昭仪。

不过，不知什么原因，赵氏姐妹虽得专宠十余年，却从未怀孕。而成帝的其他妃嫔也没有皇子。

绥和二年（前 7 年），汉成帝突然病死。人们都认为成帝的死和赵合德脱不了干系。因为，成帝此时宠爱赵合德胜过赵飞燕，传说成帝就死在赵合德的床上。

汉成帝的死引起了他的母亲、元帝的皇后王政君的震怒。王太后指派大臣查问成帝起居和发病的原因，赵合德于是自杀。

在汉成帝死的前一年，定陶王刘欣来长安谒见皇帝。刘欣的母亲多多贿赂赵合德。因成帝无后又年过四旬，赵合德为了将来考虑，便在成帝面前竭力夸赞刘欣的才能，提议册立刘欣为太子。成帝欣然应允。成帝去世后，刘欣顺利登上皇位，是为汉哀帝。

汉哀帝尊赵飞燕为皇太后。后来，有人上书指控赵飞燕姐妹疯狂地摧残汉成帝后宫妃子——称汉成帝和许美人有子，和一位姓曹的女官有子，但都被赵飞燕杀死。

汉哀帝能够成为太子，也得到了赵飞燕的帮助，所以他没有对赵飞燕下手。几年后，汉哀帝去世，王太后以赵飞燕残害皇帝子嗣为名，将赵飞燕废掉。赵飞燕被废后自杀。

成帝在位时，作为皇太后的王政君，已然成干政之势，王氏之盛已使朝中大臣侧目。哀帝在位时，虽想削弱王太后一族权力，但因为朝廷没有重臣，国政仍然尽入王氏之手。

第六章

城头变幻大王旗

“好人”做尽，“好事”自然来

多做好人好事，回报总归还是有的，不信就去问王莽……

有这样一个传说：

秦末动乱前，当时还是泗水亭长的刘邦，押着一大帮劳役前往咸阳修陵墓。没想到还没出发多久，劳役们跑了一大半。刘邦眼见自己无法交差，便在一天晚上乘着酒醉，对剩下的劳役们说：“你们都各自逃命去吧，我也要从此亡命天涯了！”

劳役们感激涕零，大部分人四散而逃。但也有十几个留下来对刘邦说：“大哥，这茫茫人海，哪还有我们的藏身之处？我们就跟着您干吧，您有肉我们吃肉，您有粥我们喝粥。”

刘邦一想，也对，便带着他们前往砀山流亡。

就在流亡路上，发生了一件神奇的事：

有一条白蛇横跨路上，没人敢过去。刘邦乘着醉意，挥剑斩蛇。斩完之后，没跑几步就呼呼大睡了。

后来，后面的人赶上来说，他们在刚才刘邦斩白蛇的地方，看见一个老妇人坐在路旁哭泣，惊问其故。老太婆说是因为有人杀了她的儿子。他们又问，你的儿子为什么被杀呢？老太婆说，她的儿子是白帝之子，刚才变成蛇，挡在道路中间，被赤帝之子杀了。众人以为老太婆是在说谎，正要骂她，她忽然变成一团青烟不见了。

明眼人都明白，这个故事的意义是什么。

简单地说，所谓白帝子，就是秦始皇；所谓赤帝子，就是刘邦。赤帝子斩白帝子，就是为刘邦推翻秦朝进行合理造势。

这当然只是刘邦“炒作”自己是真命天子的伎俩而已。迷信的人到处有，刘邦不过是借此对自己做了最廉价也最好的宣传而已。

我们今天可以这样说，这个故事的传开，肯定是在刘邦建立汉朝之后。如果刘邦起义失败，那历史会赋予他另外一种传说。

然而，有时传说也像河流，越往下越丰满。刘邦斩白蛇的传说，到了后来，竟然又被加工成另一副模样：

当刘邦斩白蛇时，白蛇警告他：如果你斩我头，我就乱你头；你斩我尾，我就乱你尾。刘邦说：我不斩你头，也不斩你尾，就从中间把你斩成两段。两百年后，白蛇投胎变成人，前来复仇。将四百年的汉朝断成两段：一段是西汉，一段是东汉。这个斩断汉朝的人就叫王莽。

应当说，具有正常思维和初级科学知识的人都知道，上述故事那就是扯。可对王莽这个人，咱们要好好讲讲。

在许多历史资料里，王莽都被描述成一个面目可憎、阴狠毒辣的角色。许多人说起他来，大都津津乐道于此人的虚伪狡诈和篡夺政权时候的阴毒心计，以及得天下后的倒行逆施。换句话说，此人就是一个妖魔，一个毁灭天下的恶贼。

但细观历史，却不得不让人生出疑问：王莽，真的有这么坏吗？

至少一开始不是这样。

王莽，字巨君，魏郡元城（今河北大名东）人。他是汉元帝皇后王政君的侄子。王政君的父亲和兄弟们都先后被封为侯，在朝廷里担任重要官职，执掌着朝中大权。不过王莽这一支却并不富贵，其原因是王莽的父亲去世较早，未能赶上封侯的好时光。

王莽的叔伯兄弟们，都是将军、列侯的儿子。他们趁着父辈有权有势，过着奢侈的生活，成天花天酒地，互相攀比，只看谁的车马高大、姬妾美丽。

王莽的处境相比叔伯兄弟们自然寒酸多了。但这并没有使王莽灰心丧气，相反倒激发出了他出人头地的欲望。为此，他从小就拜名士为师，虚心学习，苦读经书。

王莽谦逊有礼，长大后孝顺母亲，照顾子侄。对于已经封爵的家族长辈，他是恭谨侍奉。其中侍奉最多的是汉元帝时期担任大司马大将军的伯父王凤。

王凤晚年的时候，王莽经常随侍左右。公元前22年，王凤生了重病，王莽精心侍候，几乎无微不至。他亲自煎药尝药，忙得没有时间洗脸梳头，还经常和衣而睡。

王莽的赤诚孝心感动了王凤。他拉着王莽的手说：“我的儿子都不如你啊，真希望你是我的儿子！”

王凤临终之前，专门嘱托妹妹王政君，要她一定好好照料王莽。正是因为王凤临终的关照，王莽才得到了黄门郎的职位。

黄门郎，是黄门侍郎的省称，主要的工作是在宫内侍从皇帝、顾问应对，出则陪乘。虽然官不大，但与皇帝关系密切。王莽干得很起劲，而且超乎寻常的认真。

所谓付出必有回报，王莽很快就被晋升为射声校尉。这是一个官俸两千石的高官，地位亲要，掌握常备精兵，屯戍京师。当然，王莽之所以能得到这个官职，除了他无可挑剔的工作态度外，与王音也大有关系。

王音是王莽的族叔，当时接替去世的堂兄王凤成了西汉的大司马车骑将军，领尚书事。王音对自己这个族侄对待长辈的态度，早就看在眼里，记在心头。

此外，王莽的业务能力也让王音欣喜不已。王音虽然身居高位，但主要是沾了王政君和王凤的光。于是，对于案牍公文，王莽就经常主动帮他处理，而且每次都处理得井井有条，丝毫不差。

王莽不但能干，还很会说话。哪怕朝廷有芝麻大一点喜事，他也要找机会，将叔叔好好称赞一番。有这样一个既能干又会说话的好侄子，王音不喜欢都难。对身居高位手握重权的他来说，奖赏侄儿的最好方式，自然是给予高官厚禄。

做了射声校尉的王莽只有二十多岁，前途充满着阳光。

王音辅政七八年，后因病去世，由王莽的另一个叔叔王商接替。此时已经是王政君的儿子汉成帝在位的时候，王家更加权势滔天。

对这样的人物，王莽的办法还是孝敬。他很会看人下菜碟，比起王音的喜欢被人奉承，王商最大的毛病就是好为人师。所以，王莽孝敬的办法，就是经常向王商请示汇报。哪怕什么问题都没有，他也要从“十万个为什么”中挑一个出来向王商请教。

每当王商滔滔不绝地给王莽上课时，无论他讲的内容是多么无聊无趣，王莽都会做出“听妈妈讲故事”状，瞪圆双眼，紧闭双唇，好似听得入了迷。直到王商讲完后，才张大嘴巴，轻轻地“哦”一声，做恍然大悟状，以示对王商的学识、见解佩服得五体投地。

有这样一位好侄子，要让王商不喜欢，更难。他奖赏侄儿的最好方式，当然也与王音类似。

永始元年（前 16 年），王商特意上奏汉成帝，请求将王莽封侯，还表示愿意拿出自己名下户邑封赏给王莽。朝廷中一些有名望的大臣，也多次上书盛赞王莽，请求给予封赏。深陷赵氏姐妹温柔乡的汉成帝，倒也顺从民意，大手一挥就给了王莽新都侯的爵位。

这一年，王莽刚满三十岁，俨然是一颗政坛新星。

不同于我们日常听说的那些一有点儿名气就找不着北的这明星那明星，王莽依然谦虚得很，待人接物彬彬有礼，而且还不忘本。即使那些在他做黄门郎时候做过他上司的人，尽管官职已远不如他，但王莽见面后依旧礼敬有加，该喊“张老”的绝不会喊成“老张”。如此做派，在世态炎凉的汉朝官场上，一时被传为佳话。

一晃几年时间过去了，昔日的政坛新星已经成了“老江湖”，更大的权力开始向他招手。

在王商之后任大司马辅政的是王莽的另一个叔叔王根。此时，王根多病已准备退休，很多人认为淳于长应该继任大司马。

淳于长是太后王政君的外甥（王政君姐姐的儿子）。这个人不但有姨妈王政君的支持，更和汉成帝关系不一般。汉成帝欲册立赵飞燕为皇后时，正是淳于长从中斡旋，才让此举得到了王政君的支持。对此，汉成帝一直都心存感激，总想着找机会报答淳于长。

王莽正是因为看到了淳于长和汉成帝的密切关系，所以从一开始，他就做很知趣状——在不同的场合多次公开表示，无意和淳于长争夺大司马的职位。尤其是他还觐见王政君表忠心，誓言一定会和淳于长和衷共济，共同辅佐朝政。

见自己最主要的竞争对手主动退出，淳于长把心放到了肚子里，以为事情已经十拿九稳，开始猴急起来。王根还没有离职，他就迫不及待地以大司马大将军自居，到处飞扬跋扈，并纵情声色。如此一来，原本对他没有看法的王根，开始对他有了看法。

把叔叔的心理变化看得一清二楚的王莽，觉得自己该有所行动了。一次，在侍奉王根时，他对王根说："淳于长看您久病不起，心中十分欢喜，自认为一定会取代您而辅政，还在暗地里给人封官许愿呢！"王莽还说了淳于长不少坏话。于是，淳于长被免官，赶出了京城。

此后，淳于长急于恢复权势，其贿赂朝中大员的行为反而惹起汉成帝的怀疑。最终，淳于长在狱中被折磨到死。真可谓，没接成班，反误了卿卿性命。

最大的竞争对手被铲除，绥和元年（前8年），汉成帝在王根的举荐下，正式任命王莽为大司马。三十八岁的王莽，至此成为一人之下、万万人之上的人物。

就差一步了

王莽的目标是当皇帝……

做了大司马的王莽又恢复了过去的做法，一如既往地保持着克己之风，继续提升自己做好人的名声。

身居高位的王莽更加严格地要求自己，更加低调地为人处世，更加小心翼翼地眼观六路、耳听八方。

一切都很符合王莽的预期，无论是在朝廷还是在京城百姓中，甚至是在偏远的地方上，他的声望都与日俱增，如日中天。

客观公正地说，这一切的获得既离不开王莽的自我努力与自我约束，同时也有王莽“作秀”的功劳。

据说，一天，王莽的老母亲病倒了，朝廷的公卿列侯按礼节都派出了自家的夫人前来探望。而王莽的夫人呢，穿了一身粗布短装还围了个围裙，站在门外相迎。

一开始大家都以为这是王家的仆人，还在心底抱怨王家派头大，不尊重人。没想到站在门口的“仆人”却笑盈盈地说，自己就是王家的女主人。

客人们顿时惊愕得张大了嘴巴，没想到堂堂的大司马夫人居然穿得如此寒碜。

这就不免让人生疑了。节俭、朴素固然是美德，但若是人后如此，当为本色。人前呢？那就很难不让人怀疑是在“装”。毕竟，这很不符合人之常情。

当然，此事已过去两千多年，除了王莽夫妇俩，我们似乎也很难百分之百地说他们一定是在“装”。但有一件事我们可以百分百肯定，那就是王莽马上会迎来自己的第一次下野。

汉哀帝即位，虽然我们一看名字就知道这是一个没出息的主，但初登皇位的哀帝似乎也想凭自己的本事折腾折腾，看能不能重塑威严。在汉哀帝的支持下，哀帝的祖母傅太后与母亲丁太后的家族开始得势，以压制权倾朝野的王氏一族。

于是，王莽只得选择退隐，回到了自己的封地，闭门自守。碰巧这时候发生了一件事，进一步抬高了王莽的名声。

王莽有个叫王获的儿子不知何故杀了一个奴仆，按照当时人的想法，凭王莽的地位，要给儿子脱罪不是难事。但出人意料的是，王莽非但没护短，还命令儿子自杀谢罪。这件事遂成了王莽东山再起的契机。

此时的汉朝，腐败丛生，有权有势者对法律的肆意践踏，早在民间引起公愤。如今好不容易出了王莽这样一个好官，却又被打入冷宫，试问天理何在？

于是，一时间，上至朝廷官员，下至民间学者，甚至还有普通百姓，都自发地为王莽喊冤。请王莽出山，已成了朝野上下共同的呼声。公元前 2 年，正好发生了日食，与王莽要好的儒生们趁机大做文章，宣传这是老天爷的意思，不让王莽重新出山就会有灾祸降临。

在巨大的民意压力和“老天爷的旨意”下，一心想清理王家外戚但又迷信的汉哀帝只好低头，将王莽重新召回京城。

老天爷也真帮王莽，他刚回到长安没多久，不喜欢他的汉哀帝就和他宣告永别。哀帝死，太皇太后王政君临朝称制，让王莽再任大司马，和王莽一起议立新帝。

公元前 1 年，九岁的汉平帝即位。王政君年事已高，精力不济，只想安安心心地过日子，将国家大事悉数委托给王莽处理，于是朝政尽入王莽之手。

大臣们又向王政君提出，王莽有“定策安宗庙”的功绩，于是进封王莽为安汉公。

王莽是一个“不断追求进步”的人。当年做校尉的时候想封侯，封侯了想做大司马，做了大司马又想封公。现在大权独揽了，下一步想干什么，也就不言而喻了。王莽开始独断专行，朝廷内外被他安插满了亲信。

“上天在为你打开一扇门的同时，也会为你关上一扇窗。”鉴于哀帝扶持傅、丁二族的前车之鉴，王莽不让汉平帝与生母卫氏相见。王莽的长子王宇却害怕以后会遭平帝报复。王宇的老师说王莽好鬼神，所以建议吓唬王莽，以使王莽分权给卫氏。王宇便让内兄吕宽半夜把血洒在王莽府邸门口，不料却被发现。王莽大怒，杀死吕宽，再把王宇逮捕入狱用毒酒赐死。就连王宇怀孕的妻子也在生下孩子后被处决。

以此事件为借口，王莽开始扫除异己，先诛灭卫氏，再逼迫敬武公主、梁王刘立、红阳侯王立、平阿侯王仁等自杀，一共有上百人受此事件牵连而死，引起朝野震动。

王莽将朝中的反对派清洗殆尽。此时的王政君虽然明白过来，但为时已晚，她已无力和王莽抗衡。

之后，王莽又将自己的女儿运作成了皇后，自己摇身一变成了国丈。王莽更是得到了汉朝历史上一个空前的官号——宰衡，位上公，在诸侯王之上。

王莽觉得还不过瘾。又网罗天下学者上千人至长安，大力宣扬礼乐教化，得到拥戴。接着，王莽派人到全国各地考察，回朝后大加赞颂天下太平，以彰显其宣扬教化之功。接着通过重金引诱的政策，使各方遣使来朝。通过这一动作，王莽遂成为人们心目中治国平天下的“贤良圣人”。

元始五年（5 年），汉平帝病死（一说是被王莽毒死）。为了避免年长的新皇帝登基，使自己不能任意操纵政局，公元 6 年，王莽立只有两岁的汉宣帝玄孙刘婴为皇太子，号孺子，世称孺子婴。王政君同意群臣之请（也只能如此），叫王莽代天子理政，称“假皇帝”（假，此处意为非正式、暂时代理），臣民则称王莽为“摄皇帝”。

此时的王莽，已是汉朝事实上的最高统治者。改朝换代，就剩下最后一步了。

天下重新洗牌

王莽的聪明在于舆论宣传总是抢先一步……

王莽的夺权，和历代宫廷政变一样，先利用迷信来做宣传。

居摄三年（8 年），筹划了整整两年的王莽亲自赤膊上阵，向王政君上书，其中讲述了两则很是老土却颇有寓意的故事。

故事一说，这年七月中旬，齐郡临淄县昌兴亭的亭长做了一个梦，梦里自称天帝使者的人告诉他：代理皇帝应该转正，你要是不信的话，这个地方会出现一眼新井。第二天一大早，亭长起床一看，果然有新井一眼，而且深入地下百尺。

故事二说，就在前不久，在巴郡发现的石牛和在雍县发现的一块有文字的石头，被运到未央宫。我和太保等去察看，这时候忽然狂风大作，尘土飞扬。等风停后，在两石前看到铜符和帛书，上面写："天告帝符，献者封侯。承天命，用神令。"（这是上天通告皇帝的符命，进献的人可以封侯。这是上天的意思，不要违背。）

故事讲完，王莽向太皇太后说出了最关键的要求：我请求在祭祀神祇和宗庙、奏报太皇太后时，称假皇帝；而向全国发号施令，天下臣民陈奏或议政，都不再说"摄"。把居摄三年改为初始元年，以顺应天命。

应当说，王莽的话让王政君听得心惊胆战。可王莽后面的态度还是"蛮好"的，他还信誓旦旦地许诺："孺子加元服，复子明辟，如周公故事。"意思是说，等孺子婴成年行加冠礼后，就还政于他，像周公的旧例一样。

于是，王政君认可了王莽的做法。没有了 "摄"字，王莽可以说已经实现了从大司马到皇帝的飞跃。消息传出去后，大臣们心里更有数了，纷纷表示祝贺。

但有捧场的，就有砸场子的。以期门郎张充为首的六个人，拟定了一个计划，想趁王莽狩猎之机劫持他，而后拥立楚王当皇帝。可事情办得不够机密，被王莽发觉，张充等同赴黄泉。此前，王莽已经先后平灭了安众侯刘崇、东郡太守翟义等。

现在，王莽的改朝换代还差最后一个契机，投其所好的人很快出现了。

在长安求学的一名叫作哀章的儒生，对外放话说，他将要成为朝廷的重臣，还很可能封侯。熟识的都知道这是一个吹牛不打草稿的人，不以为然。谁也没想到哀章真的鼓足勇气、斗起胆子，将他人生吹的最大一次牛变成了现实。

这天黄昏，哀章身着黄袍、手捧一只铜制的小箱子，行色匆匆地直奔高帝庙（祭祀汉高祖刘邦的庙宇）。

哀章当然不是去祭祀刘邦，而是在提着人头去赌自己的明天！

哀章到了高帝庙前，只做了一个动作：将铜制的小箱子交给高帝庙的负责人，并没留下任何只字片语，就飘然而去，消失于长安城的暮色深处……

哀章这一离奇行为的动机都藏在了那只铜制的箱子中。箱子里有一卷图和一册书，以及两道封书题笺。其中一张题笺写着“天帝行玺金匮图”，另一张写着“赤帝行玺某传予黄帝金策书”。大致的意思就是，王莽是真命天子，刘家天下应该传给他，太皇太后应该按上天旨意行事。不仅如此，图和书上竟然还列出了辅佐大臣的名字，其中最醒目的名字不用猜都知道是哀章。

王莽知道事情后大喜，真是知我者哀章也！当即如获至宝，兴奋异常。

王莽马上在高帝庙拜受了箱子，然后自己下了一道诏书。诏书说：我德行浅薄，可幸运的是，我是黄帝的后裔，是太皇太后的亲属。现在老天要把这个江山交给我，我实在不敢不受，只好戴上皇冠，登上真龙天子的宝座。以后天下就叫“新”。

之后，有人奉命去王政君那里取传国玉玺。王政君这个时候才彻底清醒，她撕心裂肺地骂道：“你们这些人世代蒙受汉家的恩泽，现在不但不思报答，还趁机夺了刘家的江山，有你们这么干的吗？他王莽既然篡了人家的江山，更改了正朔服制，干吗不自己制一块玉玺啊，为什么还要用这不祥的传国玉玺！我是汉家的老寡妇，马上就要死了，我要和这传国玉玺一起下葬，你们谁也别想拿到它！”

王政君一边骂一边哭，听者无不落泪，受命前来取玉玺的人也不禁低下了头。可使命难违，他还是抬起头对王政君说，我们这些人是断不敢难为您的，可……您难道能不给他吗？

这位可怜的老太太沉吟半晌，她知道王莽既已撕下了面具，自己不给，他也会伸手来抢的，就恨恨地把玉玺扔到了地上。传说，玉玺因此被摔碎了一角，后王莽只能用黄金补上。

至此，汉高祖刘邦创建的西汉王朝宣告灭亡。

到了这个时候，应当说王莽的所有欲望已得到了满足，他孜孜不倦地追求多年的权势抵达了顶点。

那么，这位开创了新朝、登上了帝位的新君会在权势顶点位置上怎样一展自己的政治抱负呢？

历史很快就给出了答案。

历史从来不相信眼泪

王莽很超前……

在王莽篡位的初期，全国上下一片拥护。有一件事情，很能说明当时的状况。

就在王莽称帝的当年四月，刘氏后裔徐乡侯刘快聚拢数千人，打算起兵造反。刘快有个兄长刘殷，原是汉朝的胶东王，当时改为扶崇公。刘快认为自己举兵之后，刘殷一定会全力支持。然而当他率军到达即墨城下后，刘殷不但紧闭城门，还自己主动奔入监狱。即墨城的军民守城抵抗，刘快失败逃走，很快就死了。连刘氏的皇亲国戚都不愿背叛王莽，可见新莽政权的威望何等之高。应当说，这也是王莽敢于“下篡上”的主要原因。

之所以出现这种状况，原因很多，但有两点可以确定：一则西汉王朝末期，政治腐败，经济凋敝，民心尽失，确实到了气数已尽的时候，二则当时的人们，尤其是儒生们，都相信王莽能够除旧布新，开创一个新的盛世。

王莽本人也有志于开创新盛世。在他登基不久，就推出了改革，史称“王莽改制”，或叫“王莽新政”。

王莽大胆地执行改良政策，其内容有很多：

一是重新恢复西周的井田制度，即所谓的“土地国有化政策”。

王莽是《周礼》的忠实拥趸，因此西周时期的“井田制”自然受其吹捧。作为自己政治生命中辉煌的一笔，王莽很快就颁发了一份诏书，诏书中说：“天下的田地全部更名为‘王田’，不得买卖。家中男丁不足八人，而田地超过一‘井’者，多余田地必须分给九族和邻里乡党。以前没有田地的，按制度领取田地。有敢非议井田圣制、蛊惑百姓者，参照尧舜当年的成例，抓起来流放四方。”

此改革推出后，一些人看到了一个富足而又完美的“理想国”，因此很拥护。

二是禁止买卖奴婢。王莽认为买卖奴婢有违“天地之性人为贵”的大义，规定奴婢为“私属”，不准买卖。试图以“没有买卖就没有伤害”的方式限制买卖奴婢，以增加劳动人口。

三是实行统制经济政策。

王莽规定由国家对盐、酒、铁、铜等实行国家专卖，不许私人经营。又在长安、洛阳、邯郸、临淄、宛、成都六个城市设立“五均司市师”，即“五均官”。

五均官，主管平准物价、调节市场、办理赊贷等事宜。五均官会定期对市场上的商品进行价格评议，以确定“平价”，即法定的标准价格。商人售卖商品的价格高于平价一定幅度，政府就以平价强迫收买，然后平价卖给百姓。这是为了打击囤积居奇和垄断物价。

五均官同时还有对农民小本借贷的任务。规定百姓祭祀或丧葬无钱时，可向官府借贷，不收利息，但分别应在十天和三个月内归还；经营工商业没资金，也可以向官府贷款，年息不超过十分之一。

四是实行新的货币制度。王莽推翻了原来的币制，废除了使用了一百多年的汉朝五铢钱，而更制金银龟贝钱布之品二十八种。王莽制造本身价值低的货币，显然是为了吸收商人和地主的金钱。

应当说，王莽实施的改革，用长远的眼光来看，有些还是比较先进的，如果执行到位，可以收到良好的效果，但问题是它用非其人，弊端百出，招致激烈的反对。

比如，王莽依靠井田制遏制土地兼并的本意没有错，但如此一来，赋税沉重的自耕农原本还可以通过出卖土地来获得经济利益，现在连这最后的活路也断了，当然不干。至于土地大户，他们有各种办法隐瞒土地。

禁止买卖奴婢同样也不现实。奴婢是大户人家的私产，既然土地可以隐瞒，奴婢数量也可以隐瞒。而且在当时做奴婢，是许多无地农民的出路，不让奴婢买卖反而把他们的生路断绝了。

所谓“六管”，把经营权收归国有，这一条汉武帝也搞过，但王莽却是用一些豪族富贾去推行。这些豪族富贾勾结地方官府，狼狈为奸，反而弄得全国物资紧缺，物价上涨。

老百姓可以向官府贷款，并且在规定时间里归还，这一点看似很进步，其实又大错。没有任何监督制度，这只能成为官员剥夺老百姓的手段，因为他们可以肆意抬高利息，中饱私囊。最后的结果就是，老百姓越借越穷，国家借出去的钱却收不回来。

币制改革更是糟糕透顶。因为规定的货币种类复杂，单位太多，换算不易，因此百姓仍然私用五铢钱，并且私铸五铢钱。尽管王莽施以严刑峻法，但新币仍然不能通行。

王莽的改革就这样大多是半途而废，社会因此大受损失。再加上匈奴入侵和自然灾害不断，于是天下揭竿而起。各地农民起义四起，刘姓宗族也纷纷起事，天下彻底陷入大乱之中。

公元23年初秋，反对王莽的军队攻入武关。感到绝望的王莽认真听取建议后，依照《周礼》“国有大灾，则哭以厌之”的说法，率领一帮元老大臣到南郊，集体向上天哭诉苦衷。

这位白发苍苍年近七旬的老人，颓然跪在祭坛前，一边陈述着自己登极前后的情况，一边老泪纵横。

最后，他捶胸顿足，声嘶力竭地喊道：“一切罪过在我，不要加害百姓！”喊完之后，一口接一口地喘大气，还差点晕厥过去。

可惜，老天并没有帮他。

就在王莽声泪俱下地祷告上苍后不久，拥戴刘氏宗族刘玄为更始帝的绿林起义军攻破了长安城门。经过三天血战，最后王莽被长安商人杜吴杀死，接着又被一哄而上的绿林军砍成了肉酱。仅仅存在了十四年的王莽新朝，就这样化为历史的尘埃。

天，又变了。只不过，这新天下的主人却不是绿林军的首领刘玄，而是刘秀。

第七章

枯木又逢春

凭本事崭露头角

学会推心置腹，不但能交到朋友，有时还能帮你做成大事……

刘秀，字文叔，南阳蔡阳（今湖北枣阳西南）人，是汉高祖刘邦的九世孙。年轻时的刘秀，身材高大，一表人才，加之为人讲究诚信，处世谨慎，性情温和善良，很是让人喜爱。

虽然王莽篡了刘家的天下，但刘秀一开始并没有起义的想法。确切地说，刘秀志不在此。他的理想是当一个“土豪”，让儿子有几亩地种，女儿有丰盛的嫁妆，也就心满意足了。

然而生逢乱世，过安稳日子的打算并不靠谱。随着王莽改革的失败，烽烟四起。刘秀迫于生存的需要，也和自己的哥哥刘縯一起在家乡拉起了人马。不过只有一支部队，兵少将寡，装备很差。传说在初期，刘秀只能骑牛上阵。

以这样的实力，要想搞出点名堂，只能是痴人说梦。因此，起事没多久，刘秀兄弟就很聪明地率军投奔了实力最强的绿林军。

绿林军是新莽天凤年间，由王匡、王凤领头，在荆州一带揭竿而起的农民起义军。由于他们以在绿林山为基地，因此被称为绿林军，后发展分为几路：一路称“下江兵”，一路称“新市兵”，一路称“平林兵”。

绿林军在快速发展，刘秀兄弟加入了绿林军，另一位汉朝宗室刘玄也加入进来。随后，绿林军接连几次打败王莽的征讨大军，发展至十余万人。

这时候的绿林军没有统一的指挥。各路将领都认为，人马多了，必须得有一个首领，才能统一号令。

可推选谁呢？虽然大家一致认为此人应当姓刘，才能符合人心，但绿林军中姓刘的将领多了去了，该如何是好呢？

一部分人希望拥立刘縯。因为，在几次对王莽军的战斗中，刘縯已经展现了超人的谋略和卓越的指挥才能。但绿林军的大多数将领经过一番斟酌后，却认为刘玄更合适。

这倒不是刘玄相比刘縯或其他人更高明，恰恰相反，大家公认刘玄是绿林军将领中的平庸者，而且性格懦弱。这样的人之所以会受青睐，原因不言而喻——易于控制。

最终，少数服从多数。

新莽地皇四年（23年），刘玄正式被绿林军推为皇帝，年号“更始”，刘玄也因此被称为更始帝。

刘秀兄弟则是各有封赏。刘縯被封为大司徒，刘秀受封太常偏将军，算是有了正式官职。

这个时候，低调的刘秀完全没有散发出哪怕是一丁点儿的帝王气质，反而被认为资质平平，而且胆怯怕事，完全笼罩在哥哥刘縯的气场下。

是金子总会发光，随着时局的发展，刘秀很快就向人们证实了这句话的正确性。

先前，王莽的注意力更多是在赤眉军这边。赤眉军是天凤五年（18年）在莒地（今山东莒县）起义的一支农民军，因其成员都将眉毛涂成红色，故称赤眉军。首领为琅邪人樊崇。赤眉军很快发展，转战于青、徐二州间。

王莽曾用更多的兵力来对付赤眉军。但随着绿林军的日益壮大，特别是更始政权建立后，他们打出恢复汉朝的口号广受欢迎，刘秀等率军是连下昆阳等几城，王莽这才意识到事态的严重性。

王莽于是任命大司空王邑和司徒王寻为统帅，要求他们立即赶赴洛阳统筹安排，集结大军，消灭绿林军。

王邑、王寻到达洛阳后，一面调集部队，一面广招勇士。《后汉书》记载说，王邑不知从哪儿弄来一个壮汉，名唤巨无霸，身高一丈，腰大十围，地上一站就跟一尊黑铁塔似的，很有压迫感。更令人惊恐的是，他身后紧跟着一群张着血盆大口的猛虎、凶豹、大象等野兽，而且全听他的号令。王邑心中暗叫一声：“天助我也！”，当场任命他为垒尉，负责守卫营区。

一切准备停当后，王邑、王寻率领总计四十二万莽军，号称百万大军，由巨无霸驱赶着猛兽为开路先锋，取道颍川，直扑宛城。

莽军要去宛城，必须经过刘秀所在的昆阳。莽军逼近的消息很快传到昆阳，于是，刘秀率领数千人奔赴阳关，准备阻截莽军。

刘秀所部刚抵达阳关，就见远处尘土飞扬，随着风传来一阵强过一阵的“杀、杀……”的喊声。忽然，他们看见最前面跳出来一群张牙舞爪的猛兽，圆睁着血红的眼睛，张牙舞爪，紧接着则是一眼望不到头的莽军。将士们哪见过这种阵势，急扯马头一溜烟奔回昆阳城内，紧紧地关闭了城门。

此时，绿林军主力正在围攻宛城，昆阳城内守军仅有八九千人。面对着在人数上占绝对优势、气势又盛的莽军，绿林军众将心中都很紧张。大家聚在一起，沉默不语。

过了好半天，王凤开口说道：“莽军人多势众，小小的昆阳城恐难以坚守。我看大家不如带领各自的队伍，分头冲出城去，再想办法。”

虽然这个主意很让人泄气，但大家认为，事到临头也只能如此了，于是纷纷点头同意。

众人正待起身离去，忽然听一位年轻将领高声叫道：“等一等，我有话要说！”

大家一瞧，原来是刘秀。只听刘秀朗声说道：“如今敌众我寡，敌强我弱，如果大家分头行动，只有死路一条；如果合力抵抗，再寻思些办法，或许还有一线生机。既如此，为什么不选择赌一把呢？就算免不了一死，做英雄总比做狗熊强吧？”

王凤等人一听，心想这小子乳臭未干，居然教训起人来了！正待发作，忽然探子来报：莽军前锋已到昆阳城下。

王凤等人估计现在逃跑也来不及了，转头想想刚才刘秀的话，还真有几分道理。不如就听听他的意见，死马当成活马医吧。

于是众人请刘秀讲述破敌之策。

刘秀也不客气，当即说出他的想法：由王凤等人率部坚守城内，他带领十二位勇士突围出城寻找援军。

大家一致同意。

当天夜里，刘秀抖擞精神，率领十二位精心挑选的勇士利用夜色的掩护，悄悄地打开南门，趁莽军初临、立足未稳，杀开一条血路，冲了出去。

王邑听说居然有十三个人冲出了包围，气得直骂娘。

有个叫严尤的将军向他献计说，昆阳城本就易守难攻，加之里面的守军一定认为围攻宛城的主力会很快回来救他们，所以会拼命死守。如果我们率大军直接前去宛城，打败绿林军主力，昆阳城不攻自破。

王邑哈哈大笑说："一个小破城而已，何足惧哉！等我踏平昆阳城，杀尽守军后，再载歌载舞地前进，这难道不是一件快活的事情吗？"于是令莽军将昆阳死死围困，做好一切攻城准备，待次日天明即发起进攻。

第二天，王邑、王寻刚见东方鱼肚白，就下令大军猛烈攻城。顿时，擂鼓声、喊杀声响彻城内城外。城内的守军和百姓们众志成城，顽强抵抗。他们用巨石砸坏莽军的攻城器具，用刀枪杀死爬上城墙的莽兵，打退了他们一次又一次的进攻。

但莽军凭借人多势众，使用楼车向城里射箭，还挖地道，加紧攻城。坚持了一段时间后，城中已弹尽粮绝。王凤等人见刘秀和援军还无踪影，心急如焚。他们自忖难以保城，便向王邑提出投降。

没想到王邑竟然一口回绝。他的心思很单纯：你们都是秋后的蚂蚱了，还能蹦跶几天？马上就攻下昆阳了，如果这时候接受"弃暗投明"，至多算我招降有功；我剿灭了你们，则不但有功，还是英雄。所以命令莽军继续攻城。

再说刘秀等十三人冲出后，在郾城等地好不容易征集了约一万绿林军。大家随着刘秀星夜急驰，赶往昆阳。

快到昆阳的时候，刘秀亲自挑选一千余人为前锋，一边擂鼓，一边呐喊着，向莽军逼近。

王邑听说刘秀只有区区千余人，也没当回事，只派出三千莽兵迎战。

两军相接，刘秀也不废话，率先冲入敌阵，大肆砍杀。紧随其后的绿林军将士见平时文弱的太常偏将军如今居然猛男一个，都大受鼓舞，个个纵马挥刀杀向莽军。

江湖有句俗语，人不怕死鬼都害怕，何况莽兵还都惜命。因此抵挡不住，直往后退。此时刘秀的后军也到了，于是刘秀挥军往前继续冲杀。

见昆阳城已在射程范围，为了鼓舞城内守军的士气，瓦解敌人的军心，刘秀令弓箭手将绿林军已攻克宛城的战报捆绑在箭上射入城中，还故意丢下一些让莽兵捡去。

消息迅即在两边传开，城内的绿林军顿时士气高昂，人人摩拳擦掌，准备冲出城迎接主力部队。王邑却失望至极，烦躁不安，一时不知如何是好。

此时，刘秀率领着三千敢死队从城西向王邑的中军直冲过来。王邑大吃一惊，急令堵截。刘秀率领的三千敢死队士气正旺、锐不可当，而王邑、王寻都是草包，竟被刘秀一阵杀得崩溃。王寻被砍落马下，死于非命。

昆阳城内的守军见刘秀大败莽军，立即打开城门，如狂飙一般扑向敌营。震耳欲聋的喊杀声直达云霄，莽军士兵大乱。

这时，天边涌起了一团团黑云，紧接着一道闪电划破长空，顿时雷声轰鸣，大雨倾盆而下。

在浓密的雨幕中，绿林军以一当十，越战越勇。巨无霸想要驱使猛兽阻挡绿林军的攻势。但这些猛兽早已被雷声、雨声和喊杀声吓成了纸老虎，趴在地上一动不动。巨无霸挥鞭就打，猛兽们仍然趴着不动。巨无霸越打越急，越打越狠，被打急了的猛兽们突然咆哮起来，掉头就向巨无霸冲去。可怜这位山一样高大的巨人，瞬间就被撕成了碎片。

莽军官兵见到此情此景，更是个个惊恐万状，一边爹呀妈呀地哀号着，一边无头苍蝇似的往昆水里跳，企图渡河逃生。

由于暴雨来势迅猛，河水陡涨，数十万莽军挤在河里，淹死无数，河水为之堵塞。最后，只有王邑、严尤等少数将领，骑马踩在淹死士兵的尸体上过了河，得以逃脱。

昆阳之战最终以绿林军的全胜而宣告结束。

昆阳之战是中国历史上著名的以少胜多的战例，是中国历史上一次有深远影响的战略决战。在昆阳之战中，刘秀一战而天下闻名，为他日后夺取天下奠定了基础。明代著名思想家顾炎武曾这样赞扬昆阳之战中的刘秀："一战摧大敌，顿使何宇平。"

重整大好河山

经历十多年的戎马征战，刘秀终于将江山重新一统……

经过昆阳一战，王莽气数已尽。立下首功的刘秀马不停蹄地攻城略地。此时，忽然一个噩耗传来，兄长刘縯被更始帝刘玄杀了。

聪明如刘秀，心里很清楚，哥哥被杀，是因为他劳苦功高，又过于高调，受人猜忌所致。

刘秀深知自己也处于危险之中，于是强忍悲伤，赶紧跑到宛城向刘玄请罪。史书记载说，刘秀随后不但不为哥哥服丧，反而该吃时吃、该喝时喝、该笑时笑，行为举止跟平常没两样。

刘玄终归不是心狠手辣之人，刘秀的淡定反而让他生出了愧疚感，于是封刘秀为破虏大将军、武信侯，以示安抚。

不久，绿林军攻入长安，王莽死于非命，新朝宣告覆灭。

刘玄在宛城得到消息后，决定以洛阳为都城。于是他封刘秀为司隶校尉，先去洛阳整修宫室、官府。相比其他绿林军队伍，刘秀所部颇得民心。

刘秀到洛阳后，封刘秀为破虏将军行大司马事，持节北上镇抚河北。

这一下可真是“放开金锁走蛟龙”了。远走河北的刘秀大展拳脚，大肆扩张，所率队伍飞速发展，一跃成为一支逐鹿天下的重要力量。

为什么能扩展得这么快？原因很多，刘秀的皇族身份是一种优势，此外军纪严明、善于赢得民心等也起到重要作用。最后，刘秀还有一个优点也常为后世史家所赞叹，那就是——坦诚。

“生命不可能从谎言中开出灿烂的花朵。”刘秀因为坦诚，不但赚得了美誉，也壮大了实力。

比如，当时河北境内实力较强的铜马军被收编后，刘秀是轻骑简从到军营中巡查。这可不是小事！要知道，当时铜马军中不愿被收编，甚至仇视刘秀的是大有人在，万一谁冲动之下捅一刀子，刘秀可就作别人间了。可在这步险棋里，刘秀谈笑风生，嘘寒问暖，以诚恳的态度、诚挚的语言，直把投降的将士感动得涕泪横流，纷纷说：“大王对我们如此信任和厚爱，我们要是不好好干，还是人吗！”从此，大家对刘秀忠心耿耿，在日后的无数战役里立下了汗马功劳。

其实，刘秀起家打天下的老班底，大都是在这种品质感召下团结到刘秀旗帜下的，由此还诞生了一个著名的成语——推心置腹。

刘秀在河北的日益壮大，引起了更始帝刘玄的不安。此前，他已经先派尚书仆射谢躬率兵到河北，以牵制刘秀；后再遣使封刘秀为萧王，要求刘秀回来领受封赏。

刘秀是何等人，早就识破了刘玄明升暗降剥夺自己军权的诡计，遂以河北未平为由，拒不领命。

不久，刘秀觉得谢躬成天在自己眼皮子底下晃实在碍事，便授意手下悍将吴汉将谢躬击杀，收编其兵马。刘秀与更始政权彻底决裂。

眼见自己家大业大，刘秀觉得是时候拥有一个对得起自己的名号了，遂于更始三年(25年)六月在鄗城(今河北柏乡)登基称帝(史称光武帝)，改元建武。为表刘氏重兴之意，仍以“汉”为国号（史称“东汉”）。

刘秀称帝不久，赤眉军攻入更始政权的都城长安，刘玄投降，后被杀。

此时的天下四分五裂，与秦末颇有几分相似。刘盆子(赤眉军所立)、公孙述、隗嚣、卢芳等各据一方。刘秀认为自己有责任让天下重归一统。

这边赤眉军的日子其实已经很不好过。他们虽然拿下了长安，但遭到了关中地主豪强们的集体反抗，长安粮食供应出现了短缺。赤眉军于是纵火烧毁宫殿，而后撤出长安向西入安定、北地。“屋漏偏逢连阴雨”，又遭遇大雪，冻死士兵无数。赤眉军再遭到隗嚣的凶猛袭击，战败后无奈折返长安。

随后，赤眉军与更始残部和刘秀的西征军连场大战。这时的长安是“城郭皆空，白骨蔽野”，赤眉军只得出关东归。

赤眉军向东进发，刘秀派大军在崤底截击。汉军领兵大将冯异堪称“鬼才”。他让手下将士做好特殊标记后，穿赤眉军的衣服，也把眉毛染红，埋伏在道路两旁。这样一来，赤眉军上下敌我不分，拿着刀剑无从下手，最终的命运只能是非死即降。残部随后向刘秀投降。

打败赤眉军这个最主要的竞争对手后，刘秀把目标转向其他零散势力，如刘永、张步等。至公元29年，这些弱小的势力相继被灭。北至幽燕，南至荆襄，皆已平定。

此时，只剩下西南和西北的割据势力，公孙述占据益州、隗嚣占据陇西、武都等郡，而窦融实际控制着河西五郡。

精明的刘秀决定采取招降的策略，不过刘秀的如意算盘一开始并没有成功。想招降公孙述和隗嚣，但公孙述和隗嚣都不愿放弃割据。不仅没有听从刘秀的建议，反而两人还结成了盟友。

刘秀于是使出他善于“推心置腹”赢得人心的撒手锏，派人给窦融送了一封信，信中说：“将军目前的地位举足轻重……有人主张分割天下，像战国时期那样，各自为王。但我认为，汉朝的土地即使可以分的话，汉朝的百姓也是不能分的，因为我们都是一家人，血管里流着同样的血。将军如果能从大局出发，上为国家统一出力，下为百姓生活着想，那么我将感激不尽……”

窦融本是个讲大义、识大体之人，旋即被刘秀这封情真意切的信打动，不久归附了刘秀，为后世留下了“窦融归汉”这一著名典故，也让自己的名字永驻青史。

有了窦融相帮，刘秀如虎添翼，随即派兵征伐隗嚣。隗嚣失败，于公元 33 年忧愤而死。汉军遂收复陇右。

接下来，刘秀集中优势兵力，全力与公孙述死磕。岑彭连连击败公孙述的军队，夺下不少城池。最后，吴汉进攻成都，公孙述惨败，受重伤而死，蜀中得平。

此时为建武十二年（36 年），刚刚四十三岁的刘秀，经历十几年戎马征战，终于完成了天下一统的伟业。曾经雄踞东亚的汉朝又一次走向了统一与繁荣。它将延续荣光，而作为这一切的开创者，刘秀居功至伟。

柔术治国得人心

刘秀重建被打乱的社会秩序……

与所有的开国皇帝一样，在成功坐上那象征着“九五至尊”的皇位之后，刘秀首先要做的就是对有功之臣进行封赏。

刘秀深知，自己的皇位是无数将士用生命换来的。如果不对那些把脑袋别在裤腰带上跟着自己浴血奋战的功臣们大行赏封，那么这新生的政权是很容易出现裂痕的。

但刘秀同样很清楚，俗话说“时势造英雄”，在建立东汉的过程中，由于常年征战确实造就了一批武力英雄，他们带兵打仗很有一套，在当时乃至后世的军事史上都留下了自己的赫赫威名，然而治理国家不能只靠武力；更严重的是，很多武将自恃功高，根本不理会上司的命令，这显然不能为刘秀所接受。因此，为了巩固皇权，避免胜利果实落入旁人手中，同时也出于国家治理的现实需要，刘秀选择了“退功臣而进文臣”的方法，即赐予武将们优厚的爵禄，但禁止他们干预政事。

分封的具体规则由冯勤负责。他按照每个人的功劳大小，决定其封地范围、远近和土地肥沃程度，并制定了一系列的详细规则。“无规矩不成方圆”，有了规矩好办事，刘秀就根据这个方案封侯，酌情赐予列侯不同的封地。

得到了名和利，在权力方面自然就要受到些限制。刘秀规定，除了邓禹、李通、贾复三位可以参议国家大事外，其余列侯均不再享有这项权力。

这还不算完。封完功臣之后，刘秀又特地下了一道诏书，说：“希望大家不要恃宠而骄，对自己要严格要求一些，最好能节制自己的行为，这样才能顺利地把爵位传给子孙。”

如果不这样做会怎么样呢？刘秀没说，但武将功臣们谁不心知肚明呢？

在“退功臣”的同时，刘秀重用大批文吏。他认为文吏们熟悉典章制度，懂得治理国家的窍门，且情操高尚。这些当然重要，但更重要的是，文吏们没有威胁性。刘秀心里跟明镜似的，什么“秀才造反，三年不成”，三十年都不成！

为了吸引人才，刘秀曾多次亲自出马访求名贤。

在刘秀早年读私塾的同窗好友中，有一位叫严光的“学霸”，很有才学。刘秀一直对他念念不忘，非常希望能和他共谋国事，于是命人画了严光的画像，四处寻找。

然而找是找到了，但跟许多“腹有诗书就自傲”的人一样，严光清高无比，而且脾气怪、性格倔，不愿入朝为官。

刘秀为了请动他，好几次跑到严光家去跟他聊天。有时天色太晚干脆留宿，俩人睡在一张床上。据说，严光睡觉不老实，还曾把两只脚放在刘秀的肚子上。刘秀也任他如此，并不挪开。可惜，落花有意，流水无情，刘秀最终还是没能请动严光。当然，刘秀这种对待人才的态度是值得赞许的。

还有一个叫卓茂的人，精通儒家经典和历法算术，而且待人宽厚，深受众人敬仰。卓茂曾侍更始帝，年老辞归。刘秀称帝后，任这位老人为太傅，封褒德侯。卓茂死后，刘秀穿素服亲自为他送葬。

当然，无论刘秀如何礼贤下士，只靠他自己延揽人才，对一个偌大的国家来说，肯定是远远不够的。公元30年，刘秀下诏命令公卿推举贤良、方正。

鉴于西汉亡于外戚王莽之手，刘秀自一开始就对外戚进行了种种限制，走的仍然是怀柔路线。该让他们享受的荣华富贵，刘秀也绝不打折扣。因此当时的外戚多守法收敛，例如刘秀的舅舅樊宏，始终谦恭谨慎、简约节欲。

皇后阴丽华的哥哥阴识，刘秀起兵时即从征。建武二年，刘秀想给阴识增加食邑。阴识叩头谦让说："天下刚刚平定，各位将军有许多立下功劳，臣依托的是亲戚关系，现在又增加封邑，这无法为天下做表率。"刘秀很赞赏他的话，

不过，刘秀虽然喜欢也善于使用怀柔手段，但该挥舞起大棒的时候，他也绝不含糊。官员冯衍很有才，阴皇后的弟弟阴兴很敬重他，于是相互结交。刘秀打击外戚势力，冯衍也被免官。刘秀是在警告外戚：都给我老实点儿！

刘秀也对沿袭自西汉的行政体制进行了改革。他一方面进一步限制三公职权，所有政务文件都经尚书台，最后总揽于皇帝；另一方面，又加强监察制度，提高御史中丞等监察官员的权限和地位；在全国范围内削减了四百多个县，既节省了行政开支，又提高了行政效率。

对农业问题，刘秀也高度重视。

我们知道，在没有机械化的农耕社会，劳动力多寡是决定一个国家强盛程度的核心因素之一。因此，如何处理当时广泛存在的奴婢问题，是摆在刘秀面前的一项紧迫而艰巨的任务。

奴婢问题是历史遗留问题。西汉中后期，由于地主、官吏大量兼并土地，使大量农民丧失了自己的土地。他们本人也被卖给官僚、贵族、商人等为奴。东汉时的奴婢和西汉时一样，绝大多数不是生产的奴隶，而是家庭的贱奴，

因此成为影响国家稳定的重要因素，同时也导致农村劳动力匮乏。汉哀帝和王莽都曾经尝试解决奴婢问题，但最终效果都不理想。

刘秀对这个问题非常重视。刘秀先后六次下诏解放奴婢，并且严禁虐杀奴婢。有了皇帝的撑腰，大批奴婢获得了自由，农业劳动力的问题一定时间里得到了基本解决。

刘秀又大规模裁减军队。大批的士兵得以还乡，从事农耕。这样既减少了军费开支，又为农业生产提供了相当数量的劳动力。

刘秀还解决了土地问题。东汉初期，土地兼并严重，很多农民没有自己的地种。公元39年夏，刘秀下令各州、郡清查田地和人口，被称为“度田”。

这样做的目的有两个：一是核查田赋收入，防止大地主隐瞒田产，逃避纳税；二是可以从大土地占有者手中没收一些多余土地，分给无地的贫民。

当时，许多地主豪强与当地官吏勾结，隐瞒田地数量，谎报人口。刘秀获悉此事后，也不客气，因“度田不实”诛杀了十余个郡守，并加紧“度田”。

地主豪强自然不甘心自己的利益受损，走上了武装反抗的道路。同时，一些农民由于分不到土地，或分到的土地实际数量比官府应允的少得多，也参加武装反抗。历史上有名的“度田事件”由此爆发。

从枪林箭雨中走出来的刘秀自然不是吃素的，哪里容忍得了这种状况，于是各郡县发兵镇压。

然而打不过你，我还躲不过你吗？那些反叛分子利用熟悉地形的优势与官兵打起了“游击战”。一个月下来，官兵居然一点便宜都没占着。

毕竟是中国历史上的有为明君，面对失败，刘秀不是埋着头生闷气，而是心生一计：采用分化与镇压相结合的手段。

他下诏宣布：反叛者们可以相互揭发，除掉首恶，余者可免罪；官吏们之前的不作为和放纵都不追究，只要现在能够立功。叛乱很快被平息下去，天下重归安宁，并逐渐恢复了勃勃生机。

刘秀在两汉之间纷乱的战争年代，顺应历史潮流，采用军事手段，平灭群雄，使分崩离析的汉朝再度走向统一，并且采取柔术治国的方针，在政治、经济等方面进行了一系列有实际意义的改革，推进了社会的发展，史称“光武中兴”，为后来的“明章之治”打下了坚实的基础。

到汉明帝刘庄时，全国出现了“天下安平，人无徭役，岁比登稔，百姓殷富，粟斛三十，牛羊被野”的盛景。

王法不可欺

法律不过条文，真正管用的是对法律的公正执行。所以，致敬董宣……

聪明的统治者都知道，天下一统，社会走上了正轨，这个时候就要用法律治国，让百姓们有法可依、有律可循。这就是韩非说的，“治民无常，唯法为治。”而且必须公平和公正执法，才能让百姓们心甘情愿地守法。

聪明如刘秀，自然深知这一点，然而知与行并不那么容易统一。这不，就连刘秀也犯了难，因为他的老大姐湖阳公主给他出了一道难题。

湖阳公主刘黄是刘秀的姐姐。湖阳公主的一个仆人因为争执杀了人，然后就躲在公主府里。负责追查的洛阳令董宣来到公主府前，要求进去捉拿杀人犯。

公主府岂是一个小小的董宣随便能进的！这位高贵的皇姐几乎都不给董宣说话的机会，就断然拒绝了他。

没想到董宣是个狠角色，官不大，却天不怕地不怕。数年前，他在北海为官的时候，就在一件案子中充分展示了他的铁血个性。

当时有个叫公孙丹的豪强地主，新建了一所富丽堂皇的住宅。房子完工以后，有个算命先生说房子盖得虽好，可是“触犯了凶神，住进去一定会死人”。

公孙丹当即吓得不轻，在听取算命先生的建议后，决定牺牲别人的生命来免除自己的灾难。他叫儿子站在门口等着，看到有过路的，随便抓几个杀了，然后就埋在住宅里。

公孙丹父子随便杀人，当然罪不可赦。可是公孙丹是地方上有名的豪强地主，据说还上面有人，因此谁都不敢管他。

董宣却不怕这些，他应当没有听过“当官不为民作主，不如回家卖红薯”这句后来的俗语，但认为既身为地方官，就应当保一地百姓平安。因此毫不犹豫地派人把公孙丹父子抓来，判处死刑立即执行。

看到董大人如此作为后，北海的其他豪强地主大受震动，从此都不敢再为非作恶、随便杀人了。

这样的狠角色眼里当然只有法律，哪有什么公主。因此尽管受到强力阻挠，他仍然下定决心要把杀人犯绳之以法。

董宣的策略是等。等着等着，机会终于来了。有一天，湖阳公主因事外出，带了一大群家奴同行。那个杀人的仆人认为风头已过，也混在家奴里面一起外出。董宣听到这个消息后，立刻带了一群手下，守候在湖阳公主必经之地。

当公主的车马前呼后拥地走到近前时，董宣突然往路当中一站，用刀往地上一指，大声说道：“禀告公主，您的仆人横行不法，枉杀无辜之人，按律当斩，请您把杀人犯交出来！”

湖阳公主见一个小官居然敢如此跟自己过不去，觉得有失面子，就把脸一沉，厉声斥责道：“好你个董宣！你身为洛阳令，怎能信口胡说！我的仆人怎么会杀人，你有什么真凭实据吗？”

董宣也不示弱，立刻提高声音说：“我当然有凭有据！您的仆人杀人的时候，有许多人亲眼看见。您要不相信，我可以找人来作证！”

公主见董宣一副大义凛然的样子，心想，这家伙还真是一根筋，得理不饶人，好吧，好女不跟男斗，姑奶奶今天暂时不跟你计较。于是改变口气说：“董宣！你要知道，我的仆人是我最信得过的人，就算他真的杀了人，你看在我的面子上，也能饶他一回吧！”

董宣见堂堂皇姐居然视法律如无物，想要公开庇护杀人凶手，真是气不打一处来，立刻板起面孔大声说道："公主！'王子犯法，与庶民同罪'，何况还是一家奴！而且正是您家法不严，才使仆人胡作非为，难道您要公开与王法作对吗？"

湖阳公主自知理亏，脸上一阵红一阵白，一句话也说不出来。

那个杀人凶手一看情况不妙，准备开溜。董宣早已认出他来，大手一挥，手下人一把将其抓住，拉到路当中，当街砍成了两半。

湖阳公主气得花容失色，心里怒骂道："好你个董宣，敢在太岁头上动土，我看你是小羔羊摸老虎屁股，活腻了！"一面气，一面跑到皇宫，找到自己的弟弟，哭得梨花带雨，要求刘秀给她作主。

光武帝向来和自己的老姐感情深厚，觉得董宣确实是有点欺负人，就下令把董宣抓来，准备用乱棍打死。

董宣眼见自己就要"以身殉法"了，却也不慌张，冷静地说道："皇上要打死我，我当然不敢违抗。不过，请允许我在临死之前讲句话！"

刘秀没好气地问道："你还有啥好说的？"

董宣说："陛下英明，所以才复兴了汉室。如今公主的仆人杀了人，公主置皇上的法律于不顾，想要庇护杀人凶手。我无非是公正地执行了法律，却要断送性命，您觉得我冤不冤？再说了，陛下自己制定法律，却又自己破坏它，这怎么能把国家治理好呢？既然陛下是非不分、忠奸不辨，我看您就不必动手了，我还是自己撞死得了！"

说完，一头往宫殿的柱子上撞去，直撞得头破血流，连柱子都一片殷红。

刘秀没想到董宣居然会来这一手，急忙叫卫士将其拉住。他仔细一思虑，觉得董宣的话确实有道理，但自己姐姐的面子也不能不要啊！怎么办？那就干脆叫董宣给姐姐赔个罪，把事情了结了吧。

于是，刘秀对董宣说道："你按照法律办事，的确没错，值得肯定，朕在心里都给你记下了。但是呢，这个……你冒犯了公主，使公主受了惊吓，怎么说也有错，对吧？那你现在就去给公主磕个头，赔个不是，这事儿啊咱们就算翻篇了……”

没想到董宣一听，心想，我既然做得对，凭什么要给她磕头赔罪？因此心里极不服气，死活不答应。

光武帝见董宣连自己的面子都不给，当下也来了气，心想，你今天就算是一头犟驴，我也要把你变成软脚蟹！

于是叫人把董宣拉到湖阳公主面前，按着他的脑袋磕头。

董宣拼死挣扎着，在拉扯中，他忽然一屁股坐在地上，用两手撑着地，挺着腰杆，强抬着脖子，死也不肯低头。

湖阳公主见董宣的态度如此强硬，觉得自己实在有些下不来台，便对刘秀说：“早先陛下在乡下的时候，专门庇护那些亡命之徒，以至做官的都不敢到咱们家里来搜查。如今陛下贵为天子，难道连一个小小的董宣也处治不了吗？”

光武帝苦笑着说：“姐啊，天子和老百姓不同。董宣是个硬脖子县令，是为了维护国家的法律才这样做的，我真的不能处治他。天下奴仆多的是，你再找一个能干的吧！”

说完，刘秀下令把董宣放了，还赏赐他一顿酒饭。

董宣三下五除二把酒饭吃个精光，然后把杯盘全都翻转过来，底朝上扣在桌子上。

管事的认为董宣这样做是故意侮辱皇上，又把他扭送到光武帝面前。

刘秀责问董宣：“你这是什么意思？”

董宣说：“皇上赐给我饮食，我不敢剩下一点儿；皇上叫我办事，我不敢留一丝力气。这就是我把酒饭吃个精光，并且把杯盘翻转过来扣在桌子上，所要表达的意思。”

刘秀一听，在理呀，这样的人才打着灯笼也难找。因此不但没有怪罪董宣，反而下令赏赐他三十万钱。

董宣把这笔钱全都分给了他的手下人。从此，“强项令”董宣的名气四处传扬。

其实在东汉早期，像董宣这样的硬骨头并不少。比如郅恽，也曾让光武帝的心灵净化了一次。

一次，刘秀打猎打疯了，很晚的时候才回到城门口。当时，郅恽是城门官。然而任凭手下如何叫门，郅恽就是不开。理由是，未到天明任何人也不得进去。还以天黑看不清为由，不见刘秀的面。

皇帝的手下人着急了，大叫说，皇上的命令你也敢违抗吗？

郅恽仍不买账，正经八百地说，我正是在执行皇上制定的法令，所以你们就别瞎嚷嚷了！

刘秀很郁闷，却也没办法。只好带着手下人绕了一大圈，才得以从另一个门进去。

大概是头晚上太困没顾上惩治郅恽那家伙，第二天刘秀睡醒后才叫人去查办他。然而命令还没出宫，郅恽的奏章却已呈了上来，上面写着："皇上三更半夜还在外边打猎，国家大事由谁来处理？如果皇上一直这样玩下去，那咱大汉朝也就玩完了……"

刘秀没想到一个城门官居然有这等境界，因此不但不予追究，激动之下还赏了郅恽一百匹布。后来，郅恽成为一代名臣，以清廉刚正闻名于世。

应当说，东汉王朝早期，正是因为有了董宣、郅恽等坚持正义、严守职责、不畏强权的人物，"光武中兴"才得以顺利实现。

当然，从另一个角度来说，也得益于光武帝刘秀的开明。倘若碰上的是暴君或昏君，董宣、郅恽等人的命运又当如何？国家的命运又当如何？百姓的命运又当如何？

"娶妻当娶阴丽华"

一个成功男人的背后一定有一个女人。谁能说这不是刘秀成功的关键……

作为一代明君，光武帝刘秀的可贵之处在于，他不但是一个中兴之主，还是一个很看重感情的人。他对皇后阴丽华的一往情深，虽说比不上梁山伯与祝英台的生死相依、惊世骇俗，却也足以让绝大多数的帝王难忘其项背。就算放在今天，也让大多数男人望尘莫及。

那么，阴丽华何许人也，值得高贵的帝王全心以待，以至世上流传“仕宦当作执金吾，娶妻当娶阴丽华”之说呢？

万事皆有缘由。

阴丽华，南阳新野人，其先祖是曾经辅佐齐桓公成就一代霸业的春秋名相管仲之后。管仲七世孙管修的时候，从齐迁楚，被封为阴大夫，后裔便以“阴”为姓氏。秦末汉初，阴家迁到了南阳新野，是当地一大户。

成年后的阴丽华美若天仙、倾国倾城，而且气韵不凡，因此四方人家都希望她能成为自家的儿媳。但这位阴家大小姐却很有主见，认为自己将来的夫君一定要有超凡的抱负和过人的才华，因此阴家婉拒了无数在钱财、社会地位上看似门当户对的追求者。

那时，刘秀虽有高祖九世孙的名头，但家道早已败落。爱美之心，人皆有之，何况正是青春勃发的少年郎。当刘秀路过新野，听说了阴丽华的美貌，就在心里为阴丽华预留了位置，发誓今生一定要娶到她。

然而，梦再美，醒时亦如肥皂泡。刘秀还是很清醒的，因此并没有想当然地前去提亲。没多久，各地反抗王莽的起义爆发。如前所述，刘秀和哥哥刘縯也举起了反抗的旗帜。后来，兄弟二人加入了后来是以刘玄为首的绿林军。由于战功卓著，刘秀的名望越来越高。更始元年，刘秀在宛城娶了阴丽华。

当失去了哥哥的刘秀在人前若无其事，人后却悲痛不已时，善解人意的阴丽华知道刘秀心中的苦楚，用尽女性的柔情全身心地照顾着他，给了刘秀莫大的安慰。

后来，刘秀作为司隶校尉去洛阳打前站，就派人送阴丽华回到了故乡新野。

刘秀镇抚河北时，遭到了王郎集团的阻碍。

王郎是邯郸人，早年靠占卜为生，趁乱谎称自己是汉成帝的后人，拉起了一支人马，自立为帝，掀起了很大的声势。

刘秀当时实力还弱，为了铲除王郎，不得不求助于真定王刘扬。刘扬倒是答应帮忙，但却提了一个条件：希望刘秀娶自己的外甥女郭圣通为妻。

送人送物还要送老婆，这不等于天上掉馅饼吗！除了傻子，天下有几个男人能不答应？刘秀不是傻子，当然忙不迭地全盘接受。有了刘扬相帮，刘秀很快击垮了王郎，并逐渐平定了河北的割据势力。

对郭圣通，刘秀也很是喜欢，二人感情一直很好。刘秀登基那年，郭圣通诞下一子，而此时刘秀已经很久没见阴丽华了。

定都洛阳后，刘秀派人将阴丽华接过来团聚。由于娶阴氏在先，刘秀决定让她做皇后。

在古代帝制社会，“皇后”堪称一个女子所能达到的最高峰。然而阴丽华拒绝了，她认为郭圣通已生有一子，自己却还未能生育，因此立郭圣通为后更为适宜。

刘秀很感动，但认为阴氏所言确有道理，于是册立郭氏为后，并册封其子刘强为太子，阴丽华则是贵人。

就在郭圣通被封为皇后前，由于没有从刘秀处捞到更大的政治利益，刘扬竟然率军叛乱，但很快就被平定。

统一全国后，刘秀着手整治包括阴丽华兄弟阴识、阴兴在内的外戚。阴丽华不但没有从中作梗，反而夫唱妇随，全力配合。这让刘秀再一次感受到了阴丽华的顾大体、识大局。

公元 33 年，无名盗贼翻墙入室，杀害了阴丽华的母亲和弟弟。连自己的丈母娘和小舅子都保护不了，这让刘秀觉得很是羞愧，遂下诏再一次封赏阴家，并命朝中官员前去吊唁。就在这封诏书中，刘秀还透露了当年阴丽华拒绝做皇后一事。

到建武十四年（38 年）后，郭圣通因为宠爱渐衰，一改从前的温婉，变得过于敏感，心怀怨恨。郭圣通和刘秀与阴丽华的关系越来越紧张。

这样的日子至少持续了三年。在那个男尊女卑的时代，普通人估计都很难长时间地忍让下去，更别说是一国之君了。

果真，郭圣通的所作所为最终惹毛了刘秀，皇后之位被废，阴丽华被封为皇后。不过，郭圣通还算幸运，因为她成了中国历史上唯一一个被废却没有被打入冷宫的皇后。

不但如此，刘秀还专门下了一道诏书：郭圣通所生的长子刘强继续当太子，郭氏所生的另一个儿子刘辅升为中山王，封地额外增加一郡。这一郡的收入全都作为郭圣通的养老费用，她由皇后改称“中山王太后”，和儿子一起生活。同时，刘秀还封赏了郭家其他人。

太子刘强在母亲被废后，内心是忐忑不安，认为自己难逃一劫。于是频频向父皇上书，表示要把太子之位让给阴皇后的长子刘庄。

刘秀一开始认为刘强并没有过失，拒绝了他的请求。但后来见刘强态度坚决，大有不达目的不罢休之势，刘秀只好遂了儿子的心愿。

公元43年，刘秀做出了决定：改封刘强为东海王，刘庄成为新太子。

建武中元二年（57年），六十四岁的刘秀病逝于洛阳。刘秀死后，太子刘庄即位，是为汉明帝。阴丽华升为皇太后。七年后，阴丽华去世，享年六十岁，与刘秀合葬在原陵。

遍观中国历史，皇帝的婚姻少有幸福美满的结局，而刘秀、阴丽华却令人羡慕地相濡以沫走完了一生。这固然与刘秀宽仁厚德、惜念旧情有关，而阴丽华的安分守己、包容体贴也是重要的因素。

说来也无特别，幸福的婚姻不都与此类似么？

第八章

一群闪光的人

“马革裹尸”的悲凉

做忠臣不易，善终者更有几人？历史为何总让人惆怅……

汉明帝刘庄即位后，为了表彰当年帮助父皇打天下的开国功臣们，特意将其中功勋最为卓著的二十八人绘制成画像，挂在洛阳南宫云台，所以历史上有“云台二十八将”之说。

然而有人却认为这一榜单并不公正，因为还有一人的功劳并不亚于二十八人中任何一个，却未能入选。

这个被云台所遮掩的人，就是东汉开国名将、伏波将军马援。

马援，字文渊，东汉扶风茂陵（今陕西兴平）人，出生于公元前14年。马援的先祖是战国时期赵国的名将。

马援少有大志，曾为郡督邮。一次，马援奉命押送囚犯，因为可怜他们，马援就把囚犯放了，自己逃亡北地。

就这样马援扎根边疆，以畜牧业为生。马援后来成了有名的畜牧业主，家中存粮万斛、牛马羊数千、门客数百家，俨然已是一方豪强。

此时正逢新莽末年，天下大乱。焦头烂额的王莽急需精兵良将，在听到马援的威名后，当即向他抛出橄榄枝，任命其为新城大尹（即太守）。王莽失败后，马援逃到西州避难。

割据西北的隗嚣对马援很重视，任命马援为绥德将军，让他参与军事，为自己出谋划策。

这个时候，恰逢公孙述在蜀中称帝。隗嚣深知公孙述和刘秀的实力都强过自己，他先派马援去公孙述处探听虚实。

马援跟公孙述是同乡，以前有着很好的交情。马援以为这次老友相见，一定是亲切热情、握手言欢，谁知公孙述摆起“皇帝”的架子，一副居高临下的样子。

公孙述宴请马援，场面非常盛大。席间，公孙述对马援说，你甭回去了，跟着隗嚣能有啥出息？我封你做列侯、大将军，跟着我吧。

一起参加宴会的人认为受到了礼遇，都愿意留下来。马援却认为公孙述不过是“猪鼻孔插根葱——装相（象）”罢了，没有真能耐！于是毅然返回，并对隗嚣说：“公孙述井底之蛙，妄自尊大，您不如专意向东，与刘秀结好。”

隗嚣同意，于建武四年（28年）冬，让马援带信到洛阳去见刘秀。

刘秀说：“久闻大名，听说你四处周旋，实在辛苦。现在才见到你，好生惭愧。”

马援觉得刘秀的话里有一丝讽刺的味道，就回答说：“当今世道，不只君主选择臣子，臣子也选择君主……对了，臣如今远来，陛下怎么知道我不是刺客奸人，这么随便地见我？”

刘秀呵呵一笑：“你不是刺客，不过是个说客。”

马援也笑道：“天下混乱，盗贼四起，欺世盗名。我见陛下恢宏大度，与高祖一样，就知道陛下一定是真帝王了。”

刘秀哈哈大笑，觉得马援与众不同，颇有胆识，便想让他留下来与自己共事。马援未置可否，在洛阳待了一段时间后要求回西州。刘秀也未阻拦，派人相送。

马援回来后，对隗嚣说：“我这次到洛阳，刘秀多次接见我，我们经常彻夜长谈。刘秀的才能勇略，不是别人所能匹敌的。不但坦率诚恳、无所隐瞒，而且胸怀豁达，知大节。尤其是他学识渊博，处理政事无人可比。”

隗嚣将信将疑地问：“刘秀比高祖刘邦怎样？”

马援回答：“不如，高祖上天入地无所不能，但刘秀喜爱政事，处理政务恰如其分，并且不喜欢饮酒。”

隗嚣心里不高兴，说：“像你这样说，刘秀倒胜过高祖了。”

话虽如此，隗嚣到底还是相信马援。不但同意归汉，还派长子隗恂到洛阳去做人质。马援则奉刘秀之命带领家属随隗恂一起到了洛阳。

马援在洛阳居住了数月，刘秀都没有给他安排任何职务。马援上书刘秀，称关中土地广阔肥沃，自己有很多门客，因此想去上林苑屯田。刘秀同意了。

不过，隗嚣割据的想法始终存在，一直是首鼠两端。加上部将王元在一旁挑拨，于是就有了重新称王称霸的野心。

马援发现端倪后，多次写信斥责。不想隗嚣见信后愈发恼火，认为马援背叛自己，于是起兵抗拒朝廷的军队。

见隗嚣反叛，马援遂上书刘秀，表明自己的心迹，痛斥隗嚣反叛，并要求向刘秀当面讲述平定隗嚣的策略。然后，刘秀让马援率领五千人，去联络隗嚣的将领，进行分化瓦解。

建武八年（32年），刘秀亲率大军讨伐隗嚣。然而军队到了漆县后，不少将领认为前路不明，胜负难卜，不宜深入险地。刘秀自己也犹豫不定，难下决心。

恰好这时马援奉命赶来，刘秀急忙征询他的意见。马援认为隗嚣已有分崩离析之势，如果趁机进攻，定获全胜。说着，他命人取些米来，用米堆成山谷沟壑，向光武帝指点山川形势，标示各路部队进退往来的道路。其中曲折，无不毕现，分析得非常透彻明白。刘秀越听越高兴，说："大事成矣。"随即指挥军队按照马援的策略进军。大军势如破竹，一举平灭隗嚣。

这就是历史上著名的"聚米为山"的故事。这种堆米成地形的方法，现在军事上还在用，名字叫沙盘推演。

因为这场战争的胜利，朝廷控制了当时作为边防要地的河西走廊地区，不但拱卫了西北，更打开了南下平定公孙述一统天下的大门。在这关键的一步中，初来乍到的马援其实起到了关键作用。

平定隗嚣后，一战成名的马援先被封为太中大夫，后升做陇西太守。这是一个掌握一地军政大权的要职。刘秀之所以将这一职务交给马援，是因为马援熟知当地情况。马援果然没有辜负刘秀的期望，在他的一番经营下，当地的农业迅速发展起来，百姓安居乐业。

在陇西太守任上干了六年，马援被召回朝廷。五十多的他还未及享几天清福，就被刘秀拜为伏波将军，远征南方平叛。

公元 44 年，马援凯旋。为表彰马援的功勋，光武帝刘秀特意命马援单独乘坐一辆兵车，接受洛阳百姓的欢迎。

此时的伏波将军已然到达了人生的顶峰，封建时代武将梦想得到的一切，他全都拥有。

已快六十的人了，放在今天，也是行将退休的年龄。功成名就，颐养天年，闲来养养花种种草，岂不顺理成章?

然而马援是一个闲不住的人，何况此时东汉的北部依然不太平，匈奴和乌桓不停地南下侵扰，搞得鸡犬不宁。这让马援忧心忡忡，食不甘味。一天，在与好友孟翼聊天时，马援说："方今匈奴、乌桓尚扰北边，欲自请击之。男儿要当死于边野，以马革裹尸还葬耳，何能卧床上在儿女子手中邪?（匈奴、乌桓不断在北部捣乱，我要请求去收拾他们。好男儿就该战死沙场，用马革裹着尸体运回来就行了，岂能成天躺床上儿女情长？）"这就是成语"马革裹尸"典故的由来。

马援说到做到。仅仅在京城待了三个月，他就再次挂帅出征，分别在雁门、代郡、上谷等地多次击败匈奴、乌桓。打到后来，强悍的匈奴和乌桓骑兵，见了马援的战旗竟跟耗子见了猫似的，有多远逃多远。

又过了四年，因五溪发生了暴动，官军多次镇压无果，六十二岁的马援再次领兵征剿。

应当说，相比马援此前的历次出征，五溪之战本不太难。然而意外发生了。当大军进入湖南境内时，为了走哪条路进入五溪的问题，马援和耿舒发生了冲突。

按理说，作为一名军中晚辈和下属，耿舒是没有资格也没有胆量跟堂堂伏波将军叫板的。然而耿舒可非一般人，耿舒之父耿况，原为王莽时期上谷太守，后归顺刘秀，屡立战功，被封为隃麋侯。耿舒之兄耿弇更了不得，是东汉功勋卓著的开国名将，在"云台二十八将"中名列第四位。出生于这样的功勋世家，有连光武帝都要礼让三分的父兄罩着，加之自己本身在军事方面也有相当高的才能（曾率军大败匈奴，亦堪称一代名将），耿舒自然有恃无恐，一言不合就跟马援吵了起来，而且毫不相让。

无奈之下，马援只好上报皇帝裁决。最后，虽然刘秀表态支持马援，但这场战争的最大困难也凸显出来：自己统帅的是一支根本不听命于自己的军队！连选择哪路进兵这种小事，都会遭到骄横跋扈的贵族少壮派军官的抵制，又怎能保证他们可以在战斗中令行禁止、奋勇冲杀呢？

马援很悲愤，也感觉很无助。但即便如此，他还是选择迎难而上，就像他历次带兵出征一样，他所做的依然是以身作则，冲在最前面。至于饮食起居也极其简朴，当兵的吃什么他就吃什么，毫无特殊化。

人，终归是讲感情的。马援身先士卒、爱兵如子的做派，很快赢得了全军绝大多数将士的心。大家团结一致，接连击败叛军的几次进攻，顺利推进到叛乱分子的巢穴——壶头山地区。

就在战争即将再次以胜利结束的时候，不幸的事情发生了——时值南方暑热，又适逢瘟疫流行，许多士兵染病而亡。戎马一生的伏波将军也走到了人生的尽头——他先是病倒，勉力支撑了一阵子后，便溘然长逝于军中。当年“马革裹尸”的豪言，竟然一语成谶。

更令人悲愤的是，劳苦功高，把最后一滴热血都洒在战场上的马援，不但没有受到奖赏，反而在死后陷入一场风波中。

风波的缘起很简单，马援在战场的所作所为可以感动军中将士，却感动不了耿舒、梁松之流。

就在马援刚刚病倒时，耿舒就迫不及待地连夜给哥哥耿弇去信，信中先是说马援用兵迟缓、错失良机，接着又指责马援临阵畏敌、指挥不利，导致前线战局陷入困顿。

血总是浓于水的，加之耿弇并不掌握前线真实情况，因此这位颇受后世尊重的军事家很自然地就相信了弟弟的话，立刻将此事奏报给光武帝刘秀。

坦率地说，无论时人和后世如何评价，在刘秀的心目中，马援的分量、地位是无法与耿弇（或者说耿家）相提并论的。更何况，打一开始刘秀就没有属意于马援，而是派武威将军刘尚前去征讨。就在刘尚战败、马援主动请缨时，光武帝也因其年事已高，没有轻易答应。后来，马援表示不服，竟当场跨上战马，在宫门外跑了一圈，这才使得刘秀允诺了马援的请求。

然而，允则允矣，“廉颇老矣，尚能饭否”的疑问始终在刘秀的心中挥之不去。因此，当耿弇送上报告时，刘秀的第一反应自然是选择相信，并立刻派出自己的女婿——虎贲中郎将梁松前去责问马援并监军。梁松赶到前线的时候，马援已经病逝于军中了。

这个前来问责马援的梁松，其实是个和马援颇有渊源的人。梁松之父梁统也算东汉初年的一条好汉，曾因战功被光武帝封为陵乡侯。梁统与马援一向交好，因此要论起来，梁松该管马援叫一声“世伯”。但对这个“马世伯”，梁松并不感冒，甚至有些忌恨。

忌恨的原因，在于马援眼里容不得沙子。此外，马援为人正直，爱憎分明，骨子里多少也有几分清高（未能入列“云台二十八将”，很难说与此全无关系）。

一次，马援生病，已成为驸马爷的梁松前来问候他，独自拜于床下，马援却不还礼。

梁松走了以后，儿子们问道：“梁伯孙（梁松字伯孙）是皇帝的女婿，在朝廷中地位贵重，公卿以下百官没有不畏忌、巴结他的。父亲大人为何唯独不以礼相待？”

马援说：“我是梁松父亲的朋友，他虽然贵重，我怎么能不顾长幼之序呢？”

此前，梁松就曾因为马援的侄子马严受过光武帝的严厉训诫。梁松对马援的恼怒可想而知。

“一朝权在手，便把令来行”通常是得志小人的标配。如今，既然已成为朝廷的钦差，就算马援已死，梁松会放过他吗？接下来的情节许多人都不陌生。

大权在握的梁松先是审察了一番马援带兵打仗的过程，没找到什么中意的把柄。怎么办？

好办。

本职工作没有差错，生活作风好像也挑不出什么毛病，但你不会有经济问题么？于是，梁松串通马武、侯昱，联名上书光武帝，说马援贪污受贿。证据是，“前些年南征交趾的时候，马援曾经搜刮了一车珠宝回来。”

这一状告得相当狠。

平心而论，光武帝刘秀在历史上算得上是一个宽厚之君，而且对马援也很是欣赏，但有一件事情是他断然不能容忍的，那就是——贪污。

果然，接到奏报后，刘秀勃然大怒，当场下令收回了马援的爵位。

这一处罚带来的连锁反应是相当惨烈的。马援的遗体被运送回洛阳后，家人竟不敢公开安葬，只能草草找了一块坟地掩埋。丧礼上，马援平时的好友纷纷躲避风头，不敢前来吊唁。

即便如此，刘秀似乎仍不解恨。马援的妻子和马严用草索把自己绑了，到宫里来谢罪。刘秀当着众大臣的面，将梁松的奏折摔给他们全家——你们都给我瞧仔细喽，难道朕还能冤枉他不成？

一代名将马革裹尸，竟遭如此折辱，诚为可叹。

然而刘秀确实错了。

说起来，刘秀在中国古代皇帝中当属上乘。但这世上从来就没有永远正确的人，平民百姓不可能，皇帝也断无可能。因此，马家亲属看到奏疏后，很快就指出了其中的谬误。

原来，马援在交趾，常吃薏米。医书说，薏米能除瘴气，久服能轻身省欲。南方薏米大，马援想作为种子带回来种植，回军时载了一车。当时人们以为这是南方的奇珍，但马援那时受宠信，所以没人敢报告朝廷。马援死后，梁松等人就污蔑马援曾从南方搜刮了一车珍宝。

可惜，无论亲属如何替马援申冤（总共上书六次），刘秀都不改正错误，只是允许将马援正式下葬而已。

马援出事后，没有人替他求情，原因是马援洁身自好，不好结党。幸好，仗义之人总还是存在的，这也是中华民族无论面对怎样的艰难险境，总能涉险过关、生生不息的原因之一。

就在马援的同事们纷纷回避的时候，和马援同郡的一个名叫朱勃的小官大胆上书，陈诉马援冤屈。

但是这桩冤案，一直到汉章帝时才最终平反。公元 78 年，刘秀之孙汉章帝刘炟册封马援为“忠诚侯”。这时距离马援去世，已经过去了整整 29 年。

历史，总是那么让人惆怅……

打击北匈奴

曾经强大的匈奴雄踞多年，后来为何消失不见……

公元 1 世纪中叶，匈奴分裂为南北两支。南匈奴附汉内迁，北匈奴仍然强盛，时常南侵。

此时东汉王朝的掌舵者是汉明帝刘庄。刘庄认为不完全、彻底地解决匈奴问题，自己就会和历代统治者一样，天天头疼。

公元 73 年，对匈奴的战争拉开序幕，窦固等分别率领四路大军出击。窦固至天山，斩首千余，派人屯守伊吾卢城（今新疆哈密）。其他三路没有多少战绩。

伊吾卢城是进入天山南麓的锁钥。匈奴失去此地后，仍在天山东麓盘踞，指挥车师诸部首领，想夺回伊吾卢城。第二年，窦固等再次率领一万四千大军，先击匈奴，再破车师。车师内附于汉廷，于是天山东麓的匈奴势力也被一扫而空。

在军事打击下，再加上班超的努力（班超的事迹下一节讲），通往西域的道路再次被打通，关系恢复，东汉设置西域都护和戊己校尉。

公元75年，匈奴动员两万骑兵，反攻车师，然后包围了疏勒城。不过，所谓此一时彼一时，这时候的北匈奴早已不复当年之勇。经常是几万匈奴军围攻几千汉军，却被揍得灰头土脸。就算有时攻克了汉军的某个战略要地，自身的死伤也往往是汉军的数倍。

坚守疏勒城的耿恭，手下将士只有几百人。在箭矢消耗殆尽、断水断粮的绝境下，面对数倍于自己的匈奴军围困，却不屈不挠，死战不退。其慷慨壮烈连北匈奴单于都佩服不已，许诺耿恭说，只要投降就把女儿嫁给他。耿恭者，壮士也。他不但严词拒绝了匈奴的拉拢利诱，还杀掉劝降之人以示死战之心。

就在前方将士们拼死力战的时候，可笑又可悲的事情发生了。以因“清廉”之名而被载入史册的东汉名臣第五伦为首，一帮居庙堂之高的达官贵人们居然荒唐地提出不需要救援这股孤军，让他们在西域为国尽忠、自生自灭就好。

好在第五伦等人的提议遭到了其他有识之士的抵制，刚即位不久的汉章帝刘炟也难得爷们儿了一回，大怒道：“若此等精忠将士蒙难，昏君之罪也！”

皇上不愿做昏君，事情就糟不到哪里去。东汉王朝随即开始了著名的“拯救大兵耿恭”行动。

秦彭、王蒙、皇甫援等奉命率军七千前往救援。汉军进展顺利，一路斩杀、俘虏匈奴兵数千。

事实再一次证明，此时的匈奴早已今非昔比，无论是军事实力还是作战素质，都远逊于西汉时期。汉军则堪称鼎盛，要击败已为强弩之末的北匈奴，完全是指日可待。

然而意外偏偏又发生了，受命救援的王蒙等人胆小如鼠，生怕再深入会陷入合围，因而打算引兵东归。大多数不明敌情的汉军将士也同意这么做。就在这关键时刻，随军的一个耿恭的小吏范羌站了出来，反对就此班师，并自请带两千兵马前往驰援。在范羌的坚持下，王蒙等人给了他两千兵马。

范羌带着两千人风餐露宿，翻山越岭赶到疏勒城，终于成功救出耿恭。此后又经过艰难跋涉，范羌护送着这支英雄部队平安回到了玉门关。此时，耿恭部竟然只剩下十三人。汉朝版的“拯救大兵耿恭”是铁血、壮怀激烈的历史事实。

随着耿恭的残归，此时的北匈奴看似又占得了上风。然而，匈奴后来遭到西域各族、丁零、鲜卑、南匈奴的围攻。再加上天灾引起的饥荒，北匈奴各部首领纷纷投降。

这时，汉廷的一场看似和北匈奴无关的政治变动，加速了北匈奴末日的到来。

章和二年（88 年），汉章帝病故，其子刘肇即位为汉和帝。和帝年方十岁，哪里拎得清军国大事，国家大权便落在了其养母窦太后手里。而窦太后所倚重的权臣，则是自己的亲弟弟——窦宪。

应当说，在中国古代杰出军事家行列里，窦宪应有一席之地。然而此人不但气量狭小，还心狠手辣。

刘氏宗族、都乡侯刘畅长得气宇轩昂，妥妥的帅哥一枚，加之嘴上总像抹了蜜似的，说出的话能一直甜到女人的心坎上，因此很受窦太后宠幸，时常被召入宫中。

窦宪坐不住了。窦将军的不安若是出于为其妹的节操或国家的形象着想倒也罢了，然而他担心的是刘畅会分走自己在宫中的恩宠和权力。更可恶的是，忧虑激发了他的暴戾，竟一不做二不休，派人把刘畅给刺杀了，然后嫁祸于刘畅之弟刘刚，还装模作样地派人追查此事。

可惜，纸总是包不住火的，结果很快便泄密了。太后大怒，再不顾姐弟之情将窦宪禁锢在宫中。

窦宪担心太后会将他杀掉以谢天下，于是请求攻打匈奴将功赎罪。恰好此时南匈奴也请求出兵攻击北匈奴，窦太后便向朝中大臣征询意见。经过一番激烈的争论，最终太后恩准，拜窦宪为车骑将军，率兵北伐匈奴。

永元元年（89年），窦宪率数万大军与匈奴大战于稽落山。双方短兵相接后，早已不复当年之勇的北匈奴很快被打得落花流水，死伤大半。单于率领残部逃遁，窦宪率军紧追，直杀到燕然山（今蒙古国杭爱山）下才罢休。

这场战争对北匈奴是毁灭性的。事后统计，汉军共计斩杀一万三千余人，俘获马牛羊等牲口百万余头，北匈奴各部投降者多达八十一部二十万人之多。

窦宪也充分认识到这场毕其功于一役的战争的意义。仗打完之后，出塞三千里的他得意扬扬地登上燕然山，慨然长叹：卫青、霍去病、李广，虽然名闻天下又如何，军功再显赫到头来还不是照样要把大汉的女子送到塞外和亲？匈奴再凶猛，最终还不是终结在我窦宪的手里？

窦宪觉得有必要好好纪念这不世之功，于是令随军的班固作一篇铭文刻在石头上，这便是著名的《封燕然山铭》。这一事件被后世称作“燕然勒石”。

“燕然勒石”是后世的文人武将眼里流芳百世的不朽盛事。然而也有人认为，这个历史事件的创造者让人无法将其当作英雄景仰。原因在于，除了他为人的不堪外，其出征的目的也不甚光彩——仅仅是为了避祸。这使得这场胜利少了一份壮烈，甚至有点一不小心让他捡了个便宜的感觉。就任由评说吧。

但无论如何，“燕然勒石”都是中国历史上的一座里程碑。至此，匈奴造成的帝王愤怒、臣子屈辱、将军悲愤、公主哀怨，都画上了一个句号。

勒石铭功后，已经穷途末路的北匈奴准备效仿南匈奴附汉。不战而屈人之兵，向来为中国儒家所提倡。因此，文臣们很高兴，窦太后很开心，就连不谙世事的小皇帝也跟着傻乐。

但南匈奴不高兴，窦宪也认为北匈奴明显已经气若游丝了。于是，窦宪和南匈奴一拍即合，决定趁着北匈奴接受招降、疏于防范的机会，再打一次大规模进攻，一劳永逸解决北匈奴。

公元91年，窦固派遣耿夔、任尚、赵博等，再次在金微山大破北匈奴。单于遁走，不知所踪。这是汉廷对匈奴的最后一次大规模战争，距汉高祖刘邦的白登之围过去了近三百年。

经此一战后，北匈奴西迁，不知所踪。

投笔从戎成大业

又出了一个“张骞”……

在汉廷经营西域的历史上，有两个人的名字不能不提起，那就是张骞和班超。

张骞的故事为后人所津津乐道，班超的故事也不遑多让。甚至说，沿着前辈张骞的道路走向西域的班超，在某种程度上，是个比张骞更伟大的人。近代著名史学家蔡东藩就曾评价说：“西汉有张骞，东汉有班超，皆一时人杰，不可多得。吾谓超之功尤出骞上……”

蔡氏的说法不无道理。毫不夸张地说，建立了不亚于张骞功业的班超，更像一个孤军奋战的英雄，就像歌中所唱：“君不见，班定远，绝域轻骑摧战云。”

且让我们走近这位英雄，细细品味他的风姿，以及他所开创的人间奇迹。

班超（32—102年），字仲升，东汉史学家班彪的二儿子，扶风安陵（今陕西咸阳东北）人。在家排行老二，长兄班固、妹妹班昭都是东汉著名的史学家。可见，班彪夫妇真是教子有方，儿女个个有出息。

班超的哥哥班固少时聪颖，从小就展露出学习的天分，九岁能诵读诗赋，十三岁时已经小有名气，十六岁进入洛阳太学学习，博览群书。父亲班彪去世后，二十三岁的班固归乡，潜心从事历史著作的撰写。

然而正所谓“枪打出头鸟”，才华横溢的班固不久即遭人嫉妒，被举报“私改作国史”。班固被逮捕入狱。

眼看哥哥蒙冤，班超坐不住了，当即站了出来。

班超有大志，长于辩才。班超是个“不安分的人”，脚在地上走，心却在天上飞。莫名的冲动，对远方未知世界的渴望，经常冲击他的胸膛。或许，他不属于大地，大地圈不住他骚动的心。只有天空，辽远的天空，才是他向往的天地。

为了营救大哥，班超决定不惜一切代价上书。这是他所能想到的唯一办法。班超很明白，哥哥做的工作是大事业。他担心地方官府胡乱审理，整出一个天大的冤案来。

汉明帝刘庄看到了班超的上书，遂召见班超。在天子面前，班超倒也不惧。他沉着冷静地告诉皇上，班固所做的工作，只是想完成父亲班彪写史的愿望。其所写历史皆有考据，不是按个人好恶乱来，不信可以看看他的书稿。

刘庄也是一代明君，因此他当即令人找来班固书稿。龙眼一瞧，不禁啧啧称赞：人才啊，真是一个人才。

不久，班固光荣出狱，还因祸得福，得了一个好工作——兰台令史（负责书奏及印工文书，兼校定宫廷藏书文字）。

班超和母亲也跟着哥哥来到洛阳讨生活。不过，首都并不那么好混。班超靠为官府抄书来养家。钱不多，只能填饱肚子。

对一些人来说，已经知足了。能在帝都谋得一份工作，谈何容易？何况好歹还能糊口。

班超却不这样认为。对他来说，抄写文书，那是一眼望到底的行当，难道一辈子就献给这无味没劲的抄书事业了吗？

班超的梦想很大，可惜洛阳虽也很大，却没人能懂他。他很苦闷，却又无处发泄，便把笔扔到地上，叹息着说：“大丈夫就算没有大志向，也应该像张骞那样立功封侯吧，天天舞文弄墨算什么事儿呢？”

旁边的人看不惯了，纷纷训斥他挑三拣四，不知好歹。

班超则说出了一句与陈胜的“燕雀安知鸿鹄之志”有异曲同工之妙的话：“小子安知壮士志哉？”

为了弄清楚自己究竟是不是壮士，班超决定去看相。看相的人看着班超手里明晃晃的银子，斩钉截铁地说：“尽管你是一介书生，但是将来肯定能封侯于万里之外。”

班超眼睛一亮，问道：“何以见得？”

看相的又斩钉截铁地说：“你看你，长着燕颔虎颈。燕子会飞，老虎会食肉，这天生就是建功封侯的相啊。”

命相自然是无稽之谈，可是人之命运又有几人真能说清？

好莱坞电影《阿甘正传》中有一句话：人生就像一盒各式各样的巧克力，你永远不知道下一块将会是什么滋味。

是啊，未来会是什么样的呢？没有人知道，班超也不知道，但好歹有了盼头，他相信人生的拐点一定会到来。

某天，汉明帝刘庄突然想起了班超，便问班固他弟弟的境况。班固实话实说：班超替官府抄文书，赚点小钱赡养老母。刘庄一听，哎呀，那么有才的人，咋混得这么苦！不如这样吧，我也让他做兰台令史。

尽管是皇帝安排的工作，也很体面，但仍为班超所不喜，不久就稀里糊涂地被免了官。

人生就像马拉松，谁坚持到最后，谁才是真正的胜利者。在无望中徘徊，在苦闷中挣扎，班超终于等来了一个彻底改变他命运的人。

这个人就是窦固。

公元73年，汉明帝几经思量，决定发动对北匈奴的战争，以解决北部边患问题。与西汉时代相似的是，担任这个任务的也是外戚，且是外戚窦家集团的翘楚——窦固。

于是，班超投笔从戎加入了窦固的军队，并在军中担任假司马（司马的副手）一职。

假司马的官虽小，但它是班超文墨生涯转向军旅生活的第一步，因此备受班超珍惜。班超也很好地显示了自己与众不同的才能。他率兵进击伊吾卢城，激战蒲类海，小试牛刀，居然或斩或俘了很多敌人。这让窦固很是赏识，加之班超平时能言善辩，能把绵绵细雨说成艳阳高照，而且还能让听者笃信其言，这等本事不用于当使者，无疑是暴殄天物。因此窦固派他和一个叫郭恂的人一起奉使西域。

班超欣然领命后，带着随从一行三十六人先到了鄯善。鄯善的王城在今天新疆的若羌。鄯善这个名字或许让人感到陌生，而它的另一个名字更响亮——鄯善本名楼兰，汉昭帝元凤四年（前 77 年）改为鄯善。

由于连年战乱，汉廷丢失了对西域的控制，鄯善不得已倒向匈奴。这次看到汉廷派使者来，鄯善王很是高兴，热情款待了班超一行。然而没过几天，原以为大事已成的班超忽然发现鄯善王对他们的态度变得冷淡起来。

一直高度警惕的班超起了疑心，怀疑是匈奴的使者到了。为了查清事情原委，他用随意而又略带好奇的语气问负责饮食的仆人：匈奴使者来几天了？现在住在什么地方？

仆人不知有诈，以为班超已知道这件事，便如实相告：匈奴使者来了三天了，住的地方离这儿不算远，就在东边那几个帐篷里。

班超听后立刻召集三十六名随从，说：“大家跟我一起来到西域，无非是想立功报国。现在匈奴使者才到几天，鄯善王的态度就彻底大转变。人心叵测啊，要是他把咱们抓起来送给匈奴人，咱们恐怕就要客死他乡了。大伙儿说怎么办？”

大家都回答说：“当然不能坐以待毙啊！您就说吧，该怎么办，我们都听您的！”

此时，班超说出了那句掷地有声的千古名言：“不入虎穴，焉得虎子！”然后又接着说，“现在只有一个办法，趁着天黑，我们杀到匈奴的驻地，一面放火，一面进攻。他们不知道我们的底细，一定不敢乱来。只要杀了匈奴的使者，事情就好办了。”

大家都同意班超的意见。

到了半夜里，突然刮起了大风。班超率领三十六人悄悄来到匈奴的帐篷外。他吩咐其中十人拿着战鼓躲在匈奴的帐篷后面，另外二十人埋伏在帐篷前面，自己则同其余六人顺着风向放火。

火一烧起来，后边十个人同时边擂鼓边呐喊。匈奴人从梦中惊醒，拎着衣裤直往前面乱窜，埋伏在此的二十个人早已大刀在手，砍瓜切菜般向惊慌失措又手无寸铁的匈奴人招呼过去……

可怜匈奴使团，连对手的模样都没看清，就做了刀下鬼。

听说班超把匈奴的使者杀了，鄯善王吓得不轻，赶紧来到班超的帐篷里，表示愿意听从天子的命令。为了表达诚意，他还主动提出，派自己的儿子到洛阳学习先进文化（其实就是让自己的儿子做人质）。班超好言安慰了他一番。

窦固向汉明帝说明了班超的功劳。汉明帝升班超为司马，又派班超再去结交于阗。窦固出发前叮嘱班超，多带点人马吧，保险。

班超却不这样认为。他说："带个千八百人去，也不顶多大事。如果遇到什么意外，人多脱身难，反而添麻烦。"结果，班超还是带了原来的三十六个人去。

班超认为人多不一定力量大，于阗王显然不同意。他觉得班超带来的可怜人马甚至连壮胆都不够，更别说帮他对付匈奴人了。因此他对班超并不怎么热情，当班超劝他脱离匈奴跟汉廷交好时，他也犹豫不决。思前想后，于阗王决定找巫师商量，看看能不能给自己指条明路。

不幸的是，于阗王信任的这个巫师向来有偏见，不愿意与汉廷友好。于是，他装神弄鬼一番后，告诉于阗王说："这帮人不可交，不过他们那匹浅黑色的马还不错，可以拿来给我祭神。"

于阗王派人向班超转达了巫师的意见。

班超说："尊重巫师的意见，想要马没问题，让巫师自己来取吧。"

巫师当真了，立马乐颠颠地跑去取马。可惜他连马头都没挨着，自己的人头却先落了地。

班超提着巫师的头闯进于阗王的帐篷，说："不管他是谁，勾结匈奴的下场都不会比巫师好。"

于阗王倒吸了一口凉气。汉廷使者班超这么厉害，那就傍棵大树好乘凉呗，于是同意跟汉廷交好。

班超再至疏勒，立疏勒王，疏勒遂定。

永平十八年（75 年），时年四十八岁的汉明帝刘庄去世。其子刘炟即位，是为汉章帝。

建初三年（78 年），班超联合各方，发兵攻破姑墨，它实际是匈奴的一个据点。之后，班超又平定了疏勒的叛乱，再降服了莎车。

在窦宪彻底击败北匈奴后，公元 91 年，龟兹降于班超。公元 94 年，班超平定焉耆、危须、尉犁，至此西域所有势力都归附于汉廷。

班超因功被封为定远侯。

公元 100 年，班超上书朝廷，请求准许其卸任回到中原，称“臣不敢望到酒泉郡，但愿生入玉门关”。

此时，班超的妹妹班昭因博学深得和帝和太后的喜爱，担任着皇后和嫔妃的老师。在班昭的帮助下，归心似箭的班超终于收到了回京的圣旨，于永元十四年（102 年）八月，回到了阔别三十一年的洛阳。一个月后，这位一生不断创造奇迹的孤胆英雄即驾鹤西去，结束了不断创造奇迹的人生。

班超实现了最初的梦想，为国家作出了杰出的贡献，像张骞一样，把自己的名字深深地刻在了历史的丰碑上！

向黑暗亮剑

他难上加难的人生，是劈开沉沉黑暗的闪电……

在东汉的历史上，有这样一个人，他不逢“中兴盛世”，有“关西孔子”之誉却目睹世风日下。他一生正直，不惧权贵，屡次上疏直言，却不能被采纳。在黑枪与陷阱交织的东汉后期的朝廷上，无论是面对作威作福的权贵、机关算尽的小人，还是官官相护，甚或皇帝的昏庸，他都强硬以对，不做妥协，一次次勇敢亮剑。

这个人的名字今人听来已很陌生，历史教科书也少有提及。但在风云变幻的历史长河里，魏征曾绘制他的画像自省，包拯曾三次赴他的故居拜祭，文天祥曾以他的名言怒斥奸人，海瑞在狱中读他的传记时潸然泪下……

活着的他是不屈不挠的诤臣，死后的他是一块巍峨的丰碑，令贤者激奋，令奸者战栗。

那就让我们拭去岁月的尘灰，现出丰碑上的名字——杨震。

杨震，字伯起，弘农华阴人，名门之后。

说起杨家的老祖宗，可一直追溯到汉高祖刘邦建立汉朝时。当年，项羽兵败垓下逃亡时，灌婴属下有一个叫杨喜的年轻人，追得特别卖命。但项羽回头一声大叫，慑于霸王之威吓得杨喜赶紧往回跑，后见项羽跑远了，又返回去追。结果在项羽自杀的时候，他恰好赶到，便壮着胆子冲上去砍杀。因此功，他被封为赤泉侯。

到了霍光掌权的时代，杨家又出了一个名声很大的高官，叫杨敞，为当朝宰相。杨敞做官的准则，是安全第一，所以他特别谨小慎微。在霍光废刘贺时，靠着妻子的提醒，他才支持了霍光。

杨震少好学，沉迷于读书，人所共知。他居然读书讲学一口气到了五十岁，还得到了一个学术界的泰斗级名号——“关西孔子”。

众所周知，孔子一生有两大特点：一是学问高；二是门徒多。可见杨震既然有“关西孔子”之美誉，其身边应当也是聚集了为数不少的学生。

孔子读书讲学时，对做官并不排斥。他后来周游列国，也有目的是被诸侯任用，从而推行自己的政治主张。然而杨震却一副“两耳不闻窗外事，一心只读圣贤书”的样子，每当人们劝他出去做官，他总是不为所动。

按理说，自古以来的读书人，几乎都有一个终极梦想——修身、齐家、治国、平天下。难道年逾五旬的杨震，真的已经“视官场如粪土”，断绝了做官的念头吗?

非也。

事实上,杨震不是不喜欢做官,而是在等一个人,等一个识他的伯乐。

当年,姜太公熬到八十岁才等到了识他的周文王。而杨震不过五十出头,看起来身体也很棒,他甚至还可以再等三十年。急什么呢?好事不在忙上。

可是杨震不急有人急,因为此时的东汉内忧外患,百事多艰。先是西域不满班超离任后继任者的苛政,发生叛乱;接着是凉州部族又乱,一直闹腾了很久,更别说一连串的天灾人祸了。元气大伤的东汉可以说就像一艘破船,漏雨、漏风、漏水,已开始缓慢下沉,急需有人拯救。

国难思良将,人们很自然就想到了"关西孔子"杨震。

一个流传的故事说:一天杨震正在讲课,突然有一只鹳雀飞进课堂,口叼三条鳝鱼放下后,扑棱着翅膀飞走了。大家不解,找人询问,得到的答案是,鳝鱼是做大官的象征,三条鳝鱼,说明杨震将位列三公。然后杨震就放下教鞭,从此入朝为官。

这当然是传说,一笑就好。但这个故事也透露出一个信号,那就是坊间对杨震的期待,期待这个满腹经纶、品行高洁的"关西孔子",能亲手书写一段铲奸除恶、振奋朝纲的佳话。

历史告诉我们,此时的东汉统治者虽昏庸,但在危机来临之际,无可奈何之时,也会适当降低身段,有限度地接纳建议,以求自保。

正是出于这种考量,彼时实际掌握朝政大权的邓太后的兄长大将军邓骘决定起用杨震。永初四年(公元110年),邓骘终于征辟杨震出山。

史载,杨震四迁至荆州刺史、东莱太守,以杨震当官的年纪看,堪称"牛人"。

既是"牛人",自然就少不得"牛人语录",杨震的一句话流传至今,甚至比他本人的知名度还高。这句话就是"天知,地知,你知,我知"。

这句话来源于杨震去东莱上任的途中。当时他途经昌邑,碰到了一个以前的学生叫王密。王密是靠杨震举荐才做了昌邑令。

在自己的地方见到恩人，王密十分高兴，执意要留杨震在昌邑住一日，好让自己尽尽地主之谊，报答一下恩师。

盛情难却，杨震也就没再推辞，在昌邑停了下来。晚上，杨震来到王密府上，简单地吃了顿便饭，喝了几杯王密为自己准备的接风酒，就回到了驿站，打算早些休息，以便次日继续赶路。

就在杨震准备就寝时，王密忽然再独自来访。只见他环顾四周后，从带来的包袱中拿出十斤黄金，放在桌子上。

杨震脸色一变，立即质问王密，这是什么意思？王密低声回答说：当年如果不是恩师的保荐，我是怎么也不可能做到今天这样的位置的。这些黄金是我的一点心意，不成敬意，还望恩师一定不要拒绝。

杨震听了王密这番话后，严肃地对他说：向朝廷举荐人才，是任何一个享受朝廷俸禄的人的分内之事。我当初推荐你，是因为我认为你是一个既正派又有才能的人，能为国家出力，从没想过要让你报答我，你今天这样做是不对的。

王密连忙说：请恩师息怒，这只是我个人的一点心意。再说，这间屋子里，只有您和我两个人，不会有别人知道的。

王密话音未落，只见杨震怒目圆睁，几乎是用尽全身的力气，发出了那一声振聋发聩的怒吼：“天知，地知，子知（你知），我知。何谓无知！”

王密听得满脸羞惭，当即拔脚开溜。而这句怒吼，在当时几乎传得满朝皆知，于是清廉正直的杨震又有了一个响亮的称号——“杨四知”。

元初四年（117 年），杨震结束了地方官生涯，来到京城做官，先做太仆，后迁太常，再为司徒。

在司徒任上，杨震又一次“亮剑”了，他上疏汉安帝，直斥安帝的奶娘王圣。王圣和她的女儿自恃有功，无法无天，贪赃枉法。于是，王圣等对杨震怀恨在心，可杨震仍然上疏反对她们。两年后，杨震升任太尉，这次他再得罪权贵。

当时汉安帝刘祜的大舅子阎显和舅舅耿宝都想举荐自己的亲友做

官，但二人没有举荐资格，便请求杨震帮忙。没想到杨震丝毫不给面子，全部予以严词拒绝。阎显和耿宝由此怀恨在心，一心想寻找机会对付杨震。

机会很快就来了。

不久后，有一个名叫赵腾的人，不知是不是吃了熊心豹子胆，居然跑到京城向刘祜上书，详细陈述了这位皇帝在政治方面正确与错误的措施。

“皇帝岂能妄议！”刘祜气愤之极。

皇帝一生气，后果自然很严重。“胆大妄为”的赵腾很快被判处死刑，等候问斩。

就在这时，杨震给刘祜上疏，说做皇帝的应多方面听取意见，才能了解下面的民情，故应赦免赵腾，以便广开言路。

“该帮的忙不帮，不该管的事瞎管”，刘祜决定给杨震一点颜色瞧瞧。于是，他下达命令，立即将赵腾拖出去砍了。

按说明眼人都看得出来，此时皇帝已对杨震有了意见，他理应小心谨慎才是，然而杨震偏不。

此前，汉安帝刘祜下令给自己的乳母王圣大修宅第，宦官樊丰、大臣周广等人则利用安帝的信任，趁机大肆在朝中活动。杨震也上疏进谏说：“当今朝廷财用不足，百姓贫困，实在不宜再浪费国家钱财。周广等人依靠奸佞之人窃弄权威，作乱朝廷，引得黑白混淆、清浊同源，请陛下留意。”

刘祜不予理睬。

樊丰等人见杨震屡奏无效，更加胆大包天，甚至假传圣旨调用国库财物为自己大修园林住宅。不久碰上京师大地震，杨震觉得这不失为一个有力的证据，于是抓住时机又奏了一本。说正是因为皇上宠爱奸人亲近宦官，所以才地动山摇。言下之意就是，看在老天爷的意思上，陛下也应该驱逐小人，整顿朝纲。

接二连三上疏使樊丰等对杨震咬牙切齿地恨，也使安帝大为恼火，只是因为杨震名气太大，才不敢加害治罪。赵腾之死可以看成是安帝在给杨震难堪。杨震的敌人加上安帝在等候一齐给他致命一击。

到延光三年（124 年）春，刘祜出京巡泰山，樊丰等人又借此机会在京城互相攀比，竞修宅第。杨震派人清查、核实了樊丰等人假传圣旨私下里为自己大兴土木的事情。他将材料一一记录整理好，只等皇上一回朝，便要弹劾。

樊丰等人知道杨震掌握了自己的罪证后，一开始惶惶不可终日。然而很快他们就醒悟过来：杨震搜集材料想搞死我们，难道我们就不能搜集材料搞死他吗？

但樊丰等人也犯难，这杨震不贪污、不枉法，工作积极、政绩突出，告他什么呀？想来想去，几个人想到一招，那就是奸臣对付忠臣屡试不爽的绝招——莫须有。

樊丰等人是这样编的：近日太史报告说天上星宿反常异动，这肯定是由杨震怨恨皇上引起的。

这样的理由在今人看来相当可笑。但在迷信盛行的年代里，却很能让人相信，特别是早对杨震不满的安帝。

杨震的“罪行”准备停当后，安帝刘祜也出游回来了。樊丰等人赶紧劝他先住在太学里，等选个吉祥日子，才能进宫。

于是樊丰、周广联合阎显、耿宝等人向刘祜上奏，诬告杨震自赵腾被杀后，对皇上极为不满，十分怨恨，常出言不逊。所以引得天怒人怨，星变倒行，连个良辰吉日都找不到。

刘祜是个很昏庸的人，人越昏庸，就越妄自尊大，以此掩盖其羸弱无能。所以，他一听到樊丰等人的诬告便大怒，当天晚上就派人将杨震的太尉印绶收回，等于是罢官免职。

杨震伤心至极，于是闭门谢客，不再与外界来往。

樊丰等人阴谋得逞后又趁热打铁，再奏说杨震不但拒不服罪，还生怨恨之心，以这样的姿态与朝廷作对。

刘祜再一次“从谏如流”，即刻打发杨震回家养老。

这一年，杨震七十多岁。他带着全家老小和门生，离开洛阳，返回老家。经过洛阳城西几阳亭时，他停住脚步，把儿子和众门生叫到跟前，悲愤地说道："死亡，对我们这些士大夫来说，是再正常不过的事。但是，我蒙受皇恩，身居高位，却眼看满朝妖孽而不能诛，还有何面目见日月！"

说完，端起早就准备好的毒酒，一饮而尽，自杀身亡。

死对杨震来说，固然并不可怕，然而却让他的一生充满了遗憾。他自以为是天上的明星，可以照亮这个昏暗的时代。可惜他没想到，再耀眼的星光，终究穿不过那洛阳城上的黑云。

杜甫说："死者长已矣。"昏君和贪官们却说：休想。

杨震死讯传来，刘祜很不爽。君要臣死，臣才能死。我没让你死你就死，是为不忠，大罪。在樊丰等人的怂恿下，不许杨震的棺材下葬，更不许他的遗体回老家，就扔在露天里，饱受日晒雨淋。这还不过瘾，还发配他的儿子去驿站当差送信。众人见堂堂太尉及其后人落得如此下场，无不为之落泪。

一年多后，刘祜死，其子刘保继位，是为汉顺帝。樊丰等人因曾阻碍刘保即位而被诛杀。杨震的门生为杨震上书鸣冤，朝中官员也无不称赞杨震的忠心，顺帝于是将杨震的尸骨厚葬于华阴潼亭，并下诏，称杨震"正直是与，俾匡时政"。

正义来到了，可惜却迟到。

悲乎！

好一个数星星的孩子

无论地动仪争议如何，张衡都永远值得人尊敬……

东汉早期，中国已经成为一个在当时高度文明的国家：有高度统一的中央集权，人口百万的大城市已经出现，驿路四通八达，人民生活富裕，一户农家的粮食产量足够养活一些地方数家人口……

人类的文明进步离不开科学技术的发展，这一时期的东汉王朝同样是一个科技发达、群星闪烁的时代。

成书于东汉早期的《九章算术》标志中国古代数学形成完整体系；蔡伦改进的造纸术被列为中国古代“四大发明”之一；纺织机的广泛推广使丝绸成为中国对外出口的主要产品，成为西方人眼里“上帝的杰作”……此外，还出现了著名的发明家杜诗、医学家张仲景等。

除了这些璀璨的明星外，有一个人的名字更为光辉灿烂。

这个人上知天文下知地理，是著名的天文学家、地理学家。他的成就超出他的时代。

他对数学也很精通，根据对他的著作《算罔论》的考证，他可能是世界上最早研究球体体积的人，也是最早把圆周率值精确到小数点后两位的研究者之一。

他还有一手好文笔，写赋的功力与司马相如等人在一个级别上，为汉赋的发展作出了巨大贡献。其佳作《定情赋》堪称后世“情书”的典范，《二京赋》更是让他成为“汉赋四大家”之一。

他画画也不错。一个流传甚广的故事说，当年某地河中有一个猪身人首的怪兽，很是令人恐惧，但谁也不知其真面目。这个人很好奇，决定去把这个怪兽的模样画下来。但这个怪兽有个毛病——虽不怕人却怕人画它，所以一旦见人拿着纸笔便会躲到河底不出来。这个人灵机一动，扔掉了纸笔，待怪兽出来后，悄悄地用脚趾在沙滩上画下了怪兽的形貌。能用足趾写生，这是什么样的水平？可见其画艺之高超。

除此以外，这个人最伟大、最为人称道的成就，自然是他发明了流芳千古的浑天仪和地动仪。

这个人的名字，不用多说，许多人都知道——张衡。

张衡，字平子，公元 78 年出生于南阳西鄂（今河南南阳）。

据说张衡是汉高祖刘邦时期的名臣张良的后人，家族世代为当地的大姓。不过其父可能一事无成，以至史书上连个名字都没有，但他的祖父可就是个大名人了。

张衡的祖父叫张堪，是东汉的开国功臣之一。据说张堪从小天赋过人，在当地享有“圣童”之誉。光武帝刘秀登基后，他因抗击匈奴有功，曾官至蜀郡太守、渔阳太守。因为官清廉政绩突出，每每主政一方，就会造福一方百姓，因而获得时人称许：“张君为政，乐不可支。”

民间曾有俗语：龙生龙凤生凤，老鼠生儿会打洞。这当然是一句荒唐的谬论，早已为古今中外的事实所证伪。而且，无论是耳闻目睹还是史书所载，似乎更多的事实偏向于证明：一定条件下，出生于官宦富贵之家的后人们，纨绔子弟的比例要高于奋发有为者。

所以，出生于名门望族的张衡如果愿意，他完全可以如其他世家子弟一样，终日以饮酒和歌舞为乐，再到规定的年龄去承袭一个闲散的官职，在花天酒地中了结一生。

然而张衡却选择了不一样的生活。在很大的程度上说，他的选择源自家庭的影响。

在张家，刻苦和严谨是祖传的家训。当东汉的朝臣们在天下承平的光景中渐渐走向奢侈时，张衡的祖父张堪依然保持着朴素的本质和好学的品性。

正是在祖父的熏陶下，张衡自小刻苦向学，加之天资聪颖，少年时便写得一手好文章。

当同龄的世家子弟们沉溺在美酒歌舞和温柔乡时，张衡独自离开了生养他的故乡，踏上了艰辛的求学之路。他先是到了当时的学术文化中心三辅。这一地区壮丽的山河和宏伟的建筑及遗迹，给他提供了丰富的文学创作素材。此后他又到了京都洛阳，进过当时的最高学府太学。著名的《二京赋》就是他这一段求学经历的代表作品，那华丽的词汇、超人的想象以及热血燃烧的情怀，是张衡殚精竭虑、废寝忘食得来的结晶。

张衡的文学才华表露无遗。如果愿意，他也可以选择做一位云游山水的词赋大家。倘若如此，也许今天他在国人心目中的名气或许还会大很多——在中国，古代才子往往名声大得多——他就会像司马相如一样，其故事会被无数的民间戏曲改编，今天也会被无数的影视作品戏说，然后他的形象会被一干当红小生反复扮演……

然而生活不可能靠假设顺延下去，人生也总是充满了种种意外。

在洛阳的太学里，张衡结识了著名学者崔瑗，并结为挚友。崔瑗是当朝著名的书法家、文学家，也精通天文、历法。也就是从那一刻起，张衡开始了对于天文和历法的研究，这是他人生里一个重大的转变。这个转变的原因，史书难觅详细，但应当与崔瑗的影响不无关系。又或者，当孩童时代，我们仰望天空很多时候不过是想看看美丽的嫦娥，而小张衡呢，心里想的却是长大后要弄明白日月星辰背后的秘密。小学课本里《数星星的孩子》一文中，不就是这样描述的吗？

打小就有兴趣与爱好，又有高人指引，张衡开始在天文学道路上狂飙。

不过，受当时社会环境的影响，张衡只能把科学研究当成副业，而主业呢，自然是做官。

永元十二年（100 年），张衡应南阳太守鲍德之请，做了他的主簿，掌管文书工作。这一时期，张衡致力于天文、阴阳、历法等研究。估计是研究有了一些名堂，引起了汉安帝的注意，于永初五年（111 年）被朝廷召入京城担任太史令（主要负责记载史事、编写史书，兼管国家典籍、天文历法、祭祀等）。虽然此后一度调任他职，但不久又回任太史令。在太史令任上，张衡前后干了有十四五年之久。

应当说，这十多年的时间，是张衡作为一个学者的黄金研究期，或许也可以看作是他一生中最快乐的一段时光。日间清茶一杯，促膝论道；夜间红烛一盏，苦读《太玄经》（西汉扬雄所著，该书以老子之道为最高，构筑宇宙生成式，涉及天文知识）。苦行僧一般的修行磨炼了他顽强的意志，前人深刻的学问也赋予了他求索的勇气。终于，这位数星星的孩子作出了他一生最伟大的成就——研制成功了人类历史上第一架水运浑天仪。

对于浑天仪，很多人都知道这个古老的仪器代表了中国古代科技的先进成果，而对于浑天仪的真正原理和用途，大多就不知道了。

事实上，浑天仪得名于中国古代古老的天文学说——浑天说。

汉朝时，关于天体运动和宇宙结构的学说有三种：盖天说、浑天说和宣夜说。盖天说又称天圆地方说，认为天是圆的，像一把张开的伞，地是方的，像一个棋盘；浑天说认为天地的形状像一个鸡蛋，天与地的关系就像蛋壳包着蛋黄；宣夜说认为天没有一定的形质，日、月、五星（金、木、水、火、土五大行星）等都飘浮在气体中。可惜宣夜说的书籍早已失传。

张衡在深入观察和思考的基础上，基于自己对天体运行规律的认识和理解，大胆地对浑天理论提出了许多新的见解，否定了盖天说天圆地方的观点。

此前，西汉的耿寿昌曾发明了一个叫浑象的仪器，用以观察天象。张衡是古为今用，推陈出新，在耿氏浑象的基础上，根据自己的浑天理论，创制了一个比以前更精确也更全面的崭新的“浑天仪”。

张氏浑天仪的核心部分一个可以转动的空心铜球。铜球外表刻有二十八宿和其他一些恒星的位置；球体内有一根铁轴贯穿球心，轴的两端象征北极和南极。球体的外面装有几个铜圆圈，代表地平圈、子午圈、黄道圈、赤道圈等，赤道和黄道上刻有二十四节气。凡是张衡当时知道的重要天文现象，都刻在了浑天仪上。

为了使浑天仪能自动转动，张衡又利用漏壶滴水推动齿轮，以带动空心铜球绕轴旋转。铜球转动一周的速度和地球自转的速度相等。这样，人们坐在屋子里，就能从浑天仪上看到天体运行的情况了。

张衡的浑天仪，就当时的社会发展和生产力发展情况看，很多内容无疑是超越了时代的。这一科技成果，不仅在当时引发了轰动，在日后的岁月里，它的作用更是被一代又一代的中国人孜孜不倦地扩展，在奠定中国天文学研究基础的同时，也深刻影响了一代又一代天文观测方式以及天文学说成果的变革。

当然，张衡的浑天仪虽然为人类捅开了探索天体奥秘的一层窗户纸，但按照现代科学观念和现代科学技术来看，这一浑天仪和指导其建造的浑天理论，无论是在研究的深度还是精确度上，都与真实的情况差距甚大，但是谁又能拿自己身处的时代去对前人求全责备呢？

罗马不是一天建成的，牛顿的自由落体运动以及爱因斯坦的相对论，也同样存在着有待后人去完善和补充的漏洞，但牛顿和爱因斯坦并没有因为错误而使自己由伟大变渺小，相反是更加受到后人的尊重。张衡及其浑天仪也理当受到如此待遇。

实际上，从天文学研究的角度看，浑天仪的制成意义重大。首先，它既为当时的人类演示了天体运行的基本轮廓，也为后人研究天体运行规律点亮了一盏明灯，对于天文学的演变和发展无疑具有启蒙运动意义。其次，中国传统的历法和潮汐的推算，都源自古代天文学家对天象的观测和研究，包括节气的演变和春夏秋冬的交替，以及农令农时的变更，这一切也同样要以天文学的进步为基础。古代中国文明之所以领先世界，首要一点是因为封建农业生产力的高度发达。在靠天吃饭的封建农业生产方式下，对于天象的观测和农时的把握，成为决定生产成果的关键。从这个意义上说，无论用怎样的赞美词汇去评价浑天仪这一伟大的成果，都是不过分的。

当然，水运浑天仪的成功，并非张衡一人之功。用今天的话说，是集体智慧的结晶。

当时在洛阳平昌门南，有一个叫灵台的地方，那里是张衡担任太史令期间观测天象的地点。根据《后汉书》的记载，灵台就是当时的天文台。除张衡外，这里还有四十多个工作人员，而且分工明确，有候气的、候风的、候日的、候星的……各司其职。正是有如此强大而团结的团队，才促成了张衡的成功。

在水运浑天仪制作成功后，张衡写下了他一生中最伟大的一部天文学巨著——《灵宪》。

《灵宪》是一部阐述天地日月星辰生成和运动的天文著作，代表了张衡研究天文的成果。该书总结了当时的天文知识，虽然其中有一些错误，但还是提出了不少先进的科学思想和独到见解。

例如，在阐述浑天理论的时候，该书虽然仍旧保留着蛋壳概念，并且提出了“天球”的直径问题，但也明确指出在“天球”之外还是有空间的。

张衡在书中说：“过此而往者，未之或知也。未之或知者，宇宙之谓也。宇之表无极，宙之端无穷。”（我们能够观测到的空间是有限的，观测不到的地方是无穷无尽无始无终的宇宙。）这段话明确地提出了宇宙在时间和空间上都是无穷无尽的思想，是十分可贵的。

张衡在《灵宪》中指出月亮本身并不发光，月光是反射的太阳光。人们之所以有时候看不到月光，是因为太阳光被遮住了的缘故。他这种见解在当时是十分新鲜的，也是正确的。

同时，张衡还进一步解释了月食发生的原因。他说：“当日之冲，光常不合者，蔽于地也，是谓暗虚。在星则星微，月过则食。”这段话的意思是：“望月”时，应该能看到满月，但是有时看不到，这是因为日光被地球遮住的缘故。他将地影的暗处叫作“暗虚”，月亮经过“暗虚”时就发生月食，精辟地阐述了月食的原理。

至于“在星则星微”一句，说的是星星碰上“暗虚”就隐而不见了。现在看来这种说法是不正确的。由于星星距地球极为遥远，又大都是发光的恒星，不像月球一样属于行星，因此不会进入地球的影子中而失去了光芒。这是张衡的不足之处。当然这也无可厚非，毕竟在当时的科技条件下，古人的研究不可能做到尽善尽美，何况就算在今天，人类对天体的了解也还肤浅得很。

此外，张衡在《灵宪》中还算出了日月的角直径，记录了在洛阳观察到的恒星有两千五百多颗，这不仅大大超过前人，后世也多不及。

汉顺帝阳嘉元年（132 年），张衡完成了他太史令任上的最后一件大事——发明地动仪，这也是他几十年科学研究最高光的一刻。

地动仪又称为候风地动仪，由青铜制成，外形像一只圈足的酒尊，直径有八尺，尊上有个隆起的合盖；尊外附有八条龙，龙首朝着八个方向；龙口中含有一粒铜丸；地面上有八只昂首张口的蟾蜍，准备承接龙口中落下来的铜丸；尊中有一根高而细的铜柱，张衡称之为都柱，都柱接收到地震产生的地震波后就向波源方向倾倒。在都柱周围构架了八条通道，使倾倒的都柱只能往一道中倒，倒到尽头，都柱敲动一个像弩机装置似的牙机，利用杠杆传动，使龙首张开口，铜丸跌入蟾蜍口中，“砰”的一声，人们闻声检丸，就可知道该方向发生了地震。需要说的是，现在看到的地动仪是科学家根据史料记载仿制的。

地动仪刚诞生时，朝野上下普遍对其抱持怀疑的态度。一些年岁较长对新鲜事物很难接受的保守派官僚批判张衡是“制妖物以媚主上”，宦官们则污蔑张衡是“行异术以惑人心”……出现这些论调并不奇怪，毕竟机器预测地震的发生，即使到了科技革命时代，也是欧洲在 19 世纪下半叶才完成的课题。

那么张衡的地动仪是否真的管用呢?

根据范晔所著的《后汉书》的记载，公元 138 年秋发生的陇西大地震，为张衡的地动仪彻底正了名——从最后上报的地震实际发生时间与张衡地动仪观测到的确切时间看，其误差不超过一个时辰。为此《后汉书》称赞说：“验之以事，合契若神。”

不过，从古至今都有人对这一“神物”提出质疑。

周密是南宋末年有名的词人和文学家，著述颇丰。在其笔记体史学著作《齐东野语》中，就有对张衡候风地动仪的质疑。周密认为，既然浑天仪和地动仪都是张衡发明的，那为何浑天仪保留了下来而地动仪却消失了？其言下之意就是质疑地动仪并无验证地震的功能，在实际生活中毫无用处而被淘汰了。否则，中国一直是一个多地震国家，历朝历代都深受地震之害，不可能不将这一宝物大加利用。

清朝著名学者何琇更是说得直白：“张衡地动仪，余终不信有其事。气动（古人认为地震是阴阳之气相互冲突而导致的）于数千里，而机（即地动仪）应于此，万无此法。”

后世，虽然科学家们数度兴起复原张衡地动仪的风潮，但质疑之声始终存在。

比如，有人认为，从地动仪建成到张衡去世，《后汉书》共记载了八次地震，但这些地震京师洛阳的人都能明显感觉到，自然都不是《后汉书》中所提到的“尝一龙机发而地不觉动”的“陇西地震”。而这个“陇西地震”因地动仪而引起轰动，但在别的典籍中却没留下记载。所以质疑者认为，这个所谓发生于公元 138 年秋的“陇西地震”不过是为了说明地动仪的神奇而编造的故事。

诸如此类的质疑，不胜枚举。

应当指出的是，无论张衡的地动仪能否真正测到地震，都不能抹杀张衡在地震学上做出的成绩，那就是他制造地动仪留给后人的启示与启发，推动了科学家们对地震监测的研究。这一点是毋庸置疑的。

更需指出的是，中国古人曾经有过许多伟大的发明创造，即使地动仪的作用无法被确切证实，也不能抹杀中国古代文明的灿烂。地动仪是否管用，与中国古代文明是否灿烂无关，而只与历史记载是否可信、学术研究是否严谨有关。

后来，张衡告别了他所钟爱的天文研究工作，黯然踏上了赴河间担任河间相的路途。这一次的任命与宦官的陷害有关。

汉顺帝时期，士大夫清流阶层与宦官的矛盾到了水火不容的地步。作为一个天文学的开山人物，张衡在自己擅长的领域自然举足轻重，一言九鼎，然而在变幻莫测的朝廷，他不过是官场内部纷争的一颗小小的棋子。包括浑天仪的制作，在当时的背景下也绝不仅仅是科技原因，更包含着复杂的政治因素。

作为当时清流阶层的一员，驱逐宦官擅政建立一个清明的政治世界，始终是张衡不二的理想。汉顺帝曾问张衡：什么样的人是百姓痛恨的人？张衡回答说：“是那些互争权势、谋乱天下的人。”也正是这句话为他埋下了祸根，招致了宦官集团的群起毁谤而被驱逐。从某种程度上说，这是古代封建社会有良知的知识分子的可悲宿命——遭谗言被放逐，能保全性命已属万幸。

但作为一个传统知识分子，张衡始终秉承着忠君信念和治国平天下的理想，因此在河间相任上，他一方面上书皇帝，恳求其“恩从上下，事依礼制”，尽管这毫无用处；另一方面，他又抱着要改变一些事情的雄心，开始了他最后的悲情路程。

当日的河间是东汉治下一个充满黑暗的地方，豪强势力盘根错节，共同横行不法，下层社会民不聊生。张衡用大无畏的勇气向这一切宣战，他接连惩治了一些地方豪强势力，尽己所能为苦难的百姓申冤做主。

这一时期的张衡，俨然成了传统中国最受人尊崇的清官。然而在东汉后期，清官毕竟是稀缺资源，更改变不了污浊的政治大局。因此我们不难想见，在河间的那些日子里，壮志难酬的张衡心情多半是苦闷而悲愤的。

然而张衡又确实是幸运的，虽然屡次遭受谗言，虽然屡次直言上奏，但汉顺帝仍然以宽仁待之，从未为难他。不但如此，这位在历史上几无政绩、名声不佳的皇帝还始终没有忘却这位夺天地造化的智者，哪怕他已离开洛阳老远。

永和三年（138 年），在河间郁郁不得志的张衡被汉顺帝一纸诏书召回了京城。人们都以为张衡老骥伏枥，又可以大展拳脚了。只可惜，这一切不过是人们的一厢情愿而已。

就在张衡被召回京城不久，温和软弱的汉顺帝就颁发了诏书，在大肆提高宦官权力的同时，还允许他们收养义子。

略有政治眼光的人都看清楚了，所谓对张衡的重新起用，只不过是对士大夫阶层做的一次政治平衡而已。张衡也终于明白，所谓政治理想、治世抱负，实在是比探索日月星辰更为困难的事情。他可以掌握星空的旋转规律，预测地震的发生，但是政治的地震与皇帝的喜怒无常，是他难以对抗的。

“苟纵心于物外，安知荣辱之所如。”这是张衡在回归京城不久前所写的《归田赋》的最后两句，堪称他经历了几十年宦海浮沉后发出的肺腑之语。此后，张衡以写赋度日。一年后，这位打小就以数星星为乐的科学家终于闭上了疲倦的双眼，再也不用数星星了。同年四月初八，洛阳城爆发了百年不遇的大地震，不知这是否是冥冥之中上苍在表达对这位智者的特殊纪念？

上苍没有忘记他，后人也没有忘记他。

1970 年，国际天文学联合会将月球背面的一个环形山命名为“张衡环形山”。1977 年，小行星 1802 被命名为“张衡星”。2003 年，国际小行星中心为纪念张衡及其诞生地河南南阳，将小行星 9092 命名为“南阳星”。

历史将永远记住这位划时代的科学家。

第九章

流水落花春去也

把国家当成了“后花园”

在“跋扈将军”梁冀的眼里，国家就是他家的后花园。想怎么折腾就怎么折腾……

遍观东汉的史书可以看到，自光武帝刘秀去世后，有能耐的皇帝不多。不过刘秀之子明帝、之孙章帝都还勉强说得过去，毕竟二人执政时期还有窦固打跑匈奴、班超经营西域等。但自和帝起，情况就不妙了，当皇帝的基本都是一些小孩子。有些才生下来一百多天，满月酒刚办完，就被套上龙袍放到龙椅上做了真龙天子。这样的孩子除了会哭会闹会吃奶，还能干什么？

然而国家总要有人管。于是太后就要出马了，然而太后也只有两只手，多半还对国事懵懂，于是只好又把政权交给她信得过的娘家人，这样就形成了一个外戚专权的局面。有的皇帝太年轻就死了，也没留下个儿子，太后、外戚就得赶紧从皇族里找一个小孩子来接替皇位，这样他们才能继续掌控权势。

不过这也会带来一个问题。皇帝小的时候固然不懂事，但一旦长大了，就想自己掌权。不然每天干坐在龙椅上，还得听别人使唤，恁谁也不乐意。于是逐渐长大的皇帝就会寻求帮助，以摆脱外戚的控制。

外戚当然也不傻，早就利用掌权之机，与朝中大臣、武将等结成了利益共同体。这样一来，皇帝就只能将寻找帮手的眼光投射到身边，而太监，这群与皇帝朝夕相处的另类男人，无疑成了最合适的人选。

令人悲哀的是，当太监们帮助皇帝夺回权力后，这权力却往往落在了太监而不是皇帝手里。

于是，东汉中后期奇特的一幕出现了：外戚和太监两大权力集团互相把权力夺来夺去，轮流把持着朝政。到了汉顺帝刘保执政时期，政权则落到了外戚梁氏家族的手里。

梁家最著名的人物，当属梁冀。

梁冀可不是一个好惹的人，不但骄傲自大，还极其蛮横，做事从来不和刘保商量，全然不把皇帝放在眼里。国家在他的眼中，就跟他家的后花园似的，想怎么折腾就怎么折腾。当时的朝中大臣也大都依附于他，谁也不敢在他面前说个“不”字。

然而不怕死的人还是有。这不，就有一个人勇敢地站出来挑战梁冀——他，名叫李固。

李固（94—147年），汉中南郑（今陕西汉中）人，字子坚。少好学，因博学闻名于世。他并不热衷功名，多次婉拒邀他做官的举荐。其实，李固不是不愿做官，而是不愿在学业未成时过早地踏入仕途，颇有点后世先立业后成家的味道。

直到汉顺帝刘保当了皇帝，李固不知因何认为时机已到，方才出来做了朝廷的一个议郎。

李固上书皇帝说：“自古以来，后妃家族很少有保持长久的，原因就在于他们虽然拥有很高的爵位和极重的权柄，但却不知克制退让，所以经常引起祸患。”李固同时也指出宦官弄权的危害，直言“宜罢退宦官，去其权重”。

汉顺帝看到李固的建议后，虽然采纳了，但只是做了点表面文章，装装样子而已。

当时，掌握朝政大权的是权臣梁商。梁商出身于世家大族，汉顺帝即位以后，梁商被封为乘氏侯。阳嘉元年（132年），汉顺帝立梁商之女为皇后，梁商的地位由此更加显赫，后来成为大将军。

李固的建议触怒了宦官，他们开始寻机诬陷他。幸好大司农黄尚在梁商面前极力为李固求情，再加上另外一些大臣的力保，宦官势力才作罢。但没多久，李固便被外调去蜀中担任了一个小小的县令。

李固认为这是对自己的羞辱，一怒之下，愤而辞官，回到了故里汉中。此后，李固大门不出二门不迈，成天沉溺于书海。

相对历史上诸多祸国殃民的外戚，梁商还算差强人意，尚有自知之明。鉴于前代外戚的历史教训，他采用和柔自守的策略，摆出一副贤明通达的姿态，主动起用一批士人为官。于是，李固被梁商请回，担任了从事中郎。

为了振兴朝纲，李固向梁商建议，要革除弊政，选用贤才，崇德尚俭。他还忠告望位尊爵显的梁商，当以天下为忧，功成身退。

李固的意思，梁商都懂，也认可。但对爵禄权势的贪恋，使他对李固的建议并不接受，于是借故再次把李固调出京师，担任荆州刺史。

永和六年（141 年），梁商病死，汉顺帝任命梁冀接替其父的职位，成为大权在握的大将军。

与其父不同，梁冀是一个极其骄横跋扈的人。永和元年（136 年），梁冀出任河南尹时就已经露出了丑陋的面目，不但收受贿赂、徇私枉法，还欺男霸女，强抢别人的财产。

当时，与梁商关系很好的洛阳令吕放将梁冀的恶行告诉了梁商，梁商狠狠训诫了梁冀。

被老爹骂得狗血淋头的梁冀非常恼怒，心中立刻动了杀机，迅即派人刺杀了吕放。因害怕父亲知道，便嫁祸给吕放的仇人，并把这吕放仇人一家全部杀掉灭口，还株连到其宗亲与宾客数百人。

如今其父已死，再无人能约束他，做了大将军的梁冀行事自然更加悖逆不道。

汉安元年（142 年），朝廷派大臣郭遵、张纲等八人分别巡行各地，查访吏情，有良吏则上奏于朝，有恶吏则严加惩治。

张纲是个刚烈之人，他刚刚走到洛阳都亭就忍不住了，把自己所乘车的车轮埋到土里，愤慨地说："现在朝廷有豺狼当道，我还去巡行什么呀！"

然后，张纲不顾自己的安危，上奏朝廷，弹劾梁冀说："梁冀虽然蒙受朝廷恩典，却只知道贪污受贿，骄恣纵欲；还重用谄谀无耻之徒，残害忠良正直的人，所以应当严加治罪！”

奏疏送上后，京师震动，顺帝也深知张纲所言为实。但当时梁冀的妹妹是皇后，且很受宠爱，梁氏家族与姻亲布满朝廷，顺帝遂不作为。

就在梁冀如日中天的时候，任职地方的李固也干得风生水起。因政绩卓著，李固被调回了朝廷。正所谓“道不同不相为谋”，李固与梁冀之间展开了激烈的斗争。

实际上，二人之间的斗争早就开始了。

李固做荆州刺史时，曾经上奏南阳太守高赐有贪赃受贿等不法行为。高赐很害怕，便去行贿大将军梁冀，请求梁冀救他。梁冀接受贿赂后，派人持文书施压李固，然而李固却不买账。梁冀救得越急，李固抓得越紧。后来，梁冀只好釜底抽薪，将李固调职，让他去做泰山太守。

李固在太守任上，保一方稳定，于是迁将作大匠。

李固向来对用人问题十分关注，他想要用那些耿直无私的人来代替那些骄奢淫逸、党同伐异的外戚。因此，他上疏汉顺帝，强调广集贤人对治理国家所起到的巨大作用。

他指出，顺帝刚刚即位时，曾经征召南阳樊英、江夏黄琼、广汉杨厚、会稽贺纯等人。这对天下贤良之士是一个很大的鼓舞。贤良之士都殷切期盼着朝廷的录用。这几人在朝中兢兢业业，忧国忧民。然而杨厚、贺纯因病回乡了；黄琼长期担任议郎之职，得不到提拔，显然会打消为国出力的积极性。

李固建议皇帝召回杨厚，重用已在朝的黄琼、周举、杜乔等人。与此同时，他还向顺帝推荐了一些地方贤才，如陈留杨伦、河南尹存、东平王恽、陈国何临、清河房植等。

他的部分建议得到实现。汉顺帝征用了杨伦、杨厚等人，还擢升了黄琼、周举，让李固担任大司农。

八使巡行州郡时，李固作为大司农，上书要求立即问责八使检举之人。因此，顺帝虽然没有处理梁冀，但是下旨将八使检举的刺史和二千石官员免职，并告诫朝中大臣。一时间，朝政为之一振。

然而，就在李固等人想要大干一番的时候，汉顺帝在建康元年（144年）驾崩了。太子刘炳继位，是为汉冲帝。

由于冲帝年仅两岁，所以由梁冀的妹妹梁太后秉政。李固被任命为太尉，实权仍然掌握在大将军梁冀手里。

汉冲帝即位半年就夭折了。嫡嗣断绝，照例要由太后、宰相和公卿列侯一同商议，在宗室近支中选择贤能的人为帝。于是，李固和梁冀斗争的焦点转移到了立谁为帝的问题上。

梁冀为了维护自己的政治利益，积极扶立年幼不懂事的继承人，以达到专权擅政、操纵朝纲的目的。李固身居高位，为了不使政权落入权臣之手，以及维护国家的安定，自然对外戚势力极力抗争。

当时，有两个合适的人选，一个是年长有德的清河王刘蒜，另一个是乐安王之子、年仅八岁的刘缵。

李固主张立刘蒜，梁冀则坚持拥立年幼的刘缵。见双方意见不合，李固言辞恳切地劝说梁冀要“审详大计”，仿效周勃、霍光择贤而立汉文帝和汉宣帝，不要重演邓太后、阎太后立幼弱的事情。李固的话深深刺中了梁冀的要害，双方的矛盾越来越深。

梁太后一方面要维护东汉王朝的统治，另一方面还要维护梁氏家族的利益。最好的方式便是扶立幼主或是扶立平庸的人登基称帝。

最后，梁冀与梁太后一同商定，迎立刘缵登基称帝。刘缵就是汉质帝。

自从梁冀掌握实权后，不断卖官鬻爵，贿赂公行，遍插自己的党羽，使汉朝的任官制度名存实亡。李固在朝自然不能容忍这种事情。为了匡复汉室和整肃朝纲，他大力整顿吏治，奏免官吏。

在继位问题上，李固再与梁冀作对，使他成了梁冀的眼中钉。于是，梁冀指使被李固奏免的官员污蔑李固，说李固假公济私，图谋不轨，离间皇室、外戚与大臣之间的关系，还结党营私，有功归于自己，有过则归于皇帝，随意斥退大臣，在朝廷上作威作福。

梁太后还算清醒，她深知李固的为人和对汉室的忠诚，因此对这些污蔑并未理睬。

此时的皇帝刘缵虽然只有八岁，但很聪明。他把梁冀的专横跋扈看在眼里，记在心中。

一次在朝堂议事的时候，刘缵看到梁冀那副无所顾忌的傲慢相，实在忍不下去了，就指着梁冀对群臣说："此跋扈将军也。"

刘缵的话说得梁冀的脸一阵红一阵白，极为恼怒。几天后，他秘密派遣自己的亲信，在刘缵的食物中下了毒。

小皇帝吃了有毒的食物后，顿感胸腹烦闷剧痛，立即召见有胆有识的李固。

李固马上赶到宫中，急问病因。质帝说："吃了一些食物后，就开始腹痛，如果喝水，就会好受些。"

这时梁冀已闻讯赶来，立马阻止皇帝说："恐怕要吐，不能喝水。"

八岁的汉质帝暴死宫中。李固在伤心之余，觉得此事有蹊跷，便开始追查并审讯御医。梁冀害怕此事暴露，急忙阻止，对李固也更加记恨。

为了选出质帝的接班人，李固和司徒胡广、司空赵戒联名写信给梁冀，说："如今天下不幸，屡遭大忧，连失三位皇帝。现在又要立继位之人，这是朝廷中最大的事，国家的兴衰都在此一举，太后为此操心不已，梁将军也因此不断忧虑。然而，要选出圣明的君主，还需要广泛征求公卿百官的意见。"

梁冀虽然一把将李固的信扔出三米远，但也不得不召集三公、列侯等大臣来商议拥立新君的事情。最开始的时候，李固等人再次提出清河王刘蒜贤明有德，并且有很高的声望，况且他又是皇室中地位最尊贵、血统最亲近的后裔，立他是最合适的。

然而，一路专权走来的梁冀信奉的是：凡是敌人反对的，我就支持；凡是敌人支持的，我就反对。因此，李固等人所赞同的，恰恰是梁冀最不希望的。

梁冀心目中最满意的皇位继承人是即将成为他妹夫的蠡吾侯刘志。因此，即便群臣一致赞同拥立刘蒜继承皇位，梁冀仍然坚持己见。但他也没有别的理由可以改变众人的主意，双方一时僵持不下。

中常侍曹腾因为之前见刘蒜时，刘蒜没有向他施礼而憎恨他。听说此事后，便在夜里跑到梁冀处，说刘蒜此人性格烈、有主见，不好摆布。曹腾的话使梁冀坚定了立刘志为帝的决心。

第二天，梁冀再次召集公卿百官开会。会上，梁冀气势汹汹，言辞激烈，一双手拍得桌案山响。

公卿百官吓得不敢吱声。胡广、赵戒见梁冀时不时将凶恶的眼光投向自己，吓得直哆嗦，只好说："我们都听大将军的，您发令就是。"只有李固与杜乔仍坚持原来的意见。梁冀愤怒之极，当即宣布"罢会"。

梁冀认为商量是不可能有结果了，决定来个简单粗暴的。他直接找到梁太后，陈述利害关系。为了维护梁氏家族的利益，最终梁太后以皇太后的名义，将李固罢免，然后立刘志为帝。刘志由此成为汉桓帝。

李固虽然被罢免了官职，但跋扈的梁冀仍然不肯善罢甘休。恰巧这个时候，甘陵和魏郡的宗室刘文、刘鲔四下里活动，仍然想谋立刘蒜为帝。

梁冀借故发挥，诬陷是李固在带头谋反，将其逮捕。李固下狱以后，朝中公卿百官深受震动，纷纷上书营救。其弟子王调甚至披枷带锁上书皇帝，想要以此证明李固无罪。河内赵承等数十人也冒死上书。

梁太后慑于舆论压力，加之一时又找不到证据，只好下诏将李固释放。李固出狱后，京城百姓欢欣鼓舞，声浪震天。

梁冀见此情景，深感李固声望之高大有压倒梁氏的趋势，这对梁家来说是最大的威胁，于是再次将其逮捕入狱。

大将军府长史吴祐虽在梁冀手下干事，却也义愤填膺，当面与梁冀争辩，还指责梁冀及其同党："你们居然如此诬陷李固，李公若遇害，你们还有什么面目见天下人？"

梁冀清楚李固和梁家已经势如水火，若不除去李固，梁家便难以得到安宁，于是将李固杀死在狱中，杜乔也同时遇害。

李固临死前，致书胡广、赵戒："我李固既然深受朝廷的厚恩，就应当竭尽全力，不顾自身的危险，立志扶助将要倾倒的汉室，使它再度中兴。我没有想到一旦梁氏外戚威逼利诱，你们这些人就屈服并且依附于他，将个人的安危放在前头，颠倒吉凶与成败，从此汉室的衰败也就难以挽回了。你们都身居要职，享受丰厚的俸禄，看到汉室即将倾倒却不扶助，有你们这样做臣子的吗？我相信公正无私的史学家，决不会出于畏惧，而忘记这段历史。我李固虽然死了，但是死得其所，没有什么好懊悔的。”

二人见到李固的书信后，羞愧万分。

李固死后，梁冀更加无法无天，与汉桓帝刘志的矛盾也逐渐显露出来。最终，汉桓帝秘密联络单超、具瑗、唐衡、左悺、徐璜这五个跟梁冀有仇怨的宦官，趁着梁冀没有防备，调动军队包围了梁冀的住宅。梁冀无奈，只好自杀，随后他的势力也被瓦解了。

梁冀虽死，但在他的折腾下，东汉王朝已经气息奄奄了。

李固的一生，用今天的话说，是战斗的一生、光辉的一生。他生前相信历史会做出公正的结论，他死后历史总算是给了他一个交代。三国时，魏文帝曹丕将李固等二十四人列为“二十四贤”。今天，稍有良知的人相信都会因李固的所作所为而肃然起敬。

第一次党锢之祸

李膺是宦官们的眼中钉……

公元159年，汉桓帝刘志二十八岁，终于等来了亲政。这是他人生最黄金的时刻，但实质却是宦官们开始在朝中作威作福。

权倾天下的梁冀最后死在了几个太监手里——单超、具瑗、唐衡、左悺、徐璜这五个立下大功的宦官都被封侯（史称“五侯”）。

单超早死，剩下“四侯”的专横残暴引起汉桓帝的担忧。他先是以侯览、段珪、苏康、管霸、张让等新生代宦官来分担“四侯”的工作，继而对他们进行打击惩办。但其实这是换汤不换药，侯览、张让等与五侯是一丘之貉。

此前是外戚横行，现在是宦官用势，一样贪污无耻，搞得是民不聊生、民怨沸腾。东汉王朝陷入一个可怕的恶性循环。

从古至今，在中国社会，总有这样一批人，哪怕他们饭也吃不饱、衣也穿不暖，却总愿以天下为己任。这样的人以读书人居多。

眼见外戚和太监作孽让朝廷岌岌可危，眼看东汉王朝就要坍塌，有识之士，主要是士大夫阶层担心得不得了，吃不下饭睡不着觉。他们展开了反宦官政治的斗争。

李膺就是这其中的代表人物。

李膺的家庭背景显赫，他的爷爷和父亲都是大官。李膺本人个性孤傲，为人清高。不仅学识高，且能文能武，一路为官非常有成绩。

李膺做过几任刺史、太守，都是严明公正。后任护乌桓校尉，李膺亲冒箭矢，上阵杀敌，鲜卑很怕他。

不过，在那个年代，以李膺这样的才干和成绩，也是坎坷不断。李膺后来被免官，回家乡授徒，弟子达千人。

这里有一个故事：当时有个叫荀淑的大家，除了学识渊博外，还以品行高洁著称。当世名贤李固、李膺等都尊他为师。荀淑有子八人，时人称“八龙”，其中“六龙”叫荀爽。一次，荀爽不但见到李膺，碰巧还帮李膺赶了车。他回家后逢人就说：“今天我给李先生赶马车了！”由此可见李膺声望之高。

公元156年，鲜卑侵扰云中，桓帝一直听说李膺很厉害，于是任命李膺为度辽将军击鲜卑。李膺是威震一方。

李膺再迁河南尹，他勇敢地与不法奸邪做斗争，

在李膺任河南尹期间，一个名叫张成的术士，因与大宦官侯览过从甚密，得知朝廷第二天要进行大赦，竟然让他儿子行凶杀了仇家。就在李膺成功逮捕凶手就要法办的时候，大赦令传来。张成不无得意地对众人说：“诏书已经下来，不怕李膺不释放我儿子。”

这话很快便传到李膺的耳朵里。闻听此言，疾恶如仇的李膺好不气

恼。他对身边人说："张成事先知道朝廷要大赦而故意纵子行凶，大赦不应该恩及其子。"说罢，他一声令下就把张成的儿子给砍了脑袋。

在朝中开明势力的坚持下，李膺无罪，再升为司隶校尉。这次李膺又因为秉公执法得罪了大宦官张让，也就是后来的"十常侍"之一。

张让的弟弟张朔，担任野王县令，贪婪残暴，无法无天，竟然连孕妇都不放过。他听说李膺的威严，于是畏罪逃回京师，躲在张让家的密室中。李膺知道后，派人破墙捉拿了张朔，将其正法。

这让张让觉得颜面无光，便仗着自己受皇帝宠爱，跑到皇帝面前告状，可是汉桓帝苦笑一声说："认命吧，我拿李膺也没办法，再说谁让你给人家抓住了把柄呢，以后做事最好小心点。"

张让的遭遇让宦官们收敛了许多，到最后居然都不敢出门了。这让刘志很奇怪，便问道："你们这几天怎么都不出门逛街呀？"

宦官们呼啦跪倒一片："皇上，我们害怕李膺！"

此时的朝廷非常混乱，李膺的所作所为让他的声望一时无二。在京城中，太学生去李膺家被接待，时人称为"登龙门"。对于李膺这样敢作敢为的清官，民众的期盼自是必然。

李膺的行为在当时也并不是孤立现象。南阳太守诛杀了一个与宦官勾结的商人，太原太守抓了一名宦官赵津处死了，山阳太守籍没了大宦官侯览在老家的财产……

那些受到严惩的恶人（家属）和宦官们都怀恨在心，而报复的首要目标就是声望最高的李膺，对他可谓恨之入骨。

那个因为纵子行凶却误了儿子性命的张成，对于自己的咎由自取不思悔改，一再撺掇着侯览想要除掉李膺。侯览整日服侍桓帝左右，所以对侯览来说要加害李膺还真就不难。

于是，经过一番密谋，张成上书桓帝，硬说李膺勾结名士以及太学的学生自成一"党"，诽谤朝廷、败坏风气。因为有侯览、张让等人在桓帝跟前煽风点火，桓帝也就相信了张成的造谣之言。

不久，桓帝颁下一道诏书，在全国范围内搜捕所谓"党人"。除李膺之外，还有陈寔等二百多人被捕入狱。

因为这是大案，需要经过三府，太尉陈蕃拒绝签署。

后来，在窦皇后之父窦武的带领下，有多名官员一再上疏为所谓的“党人”开脱，桓帝这才下诏赦免了这两百余人。

虽说释放了他们，但桓帝随后又追加一道诏书，敕令他们各回原籍，并且还把他们的名字通报全国，责罚他们一辈子都不能出仕为官。这就是东汉的第一次“党锢”事件。

李膺等人虽然恢复了自由，但仕途算是没有了希望。此后，朝野再也没人敢公开议论太监了。

由于身体条件的限制，太监当官最大的“特点”就是喜欢钱。这就导致了从上到下大规模的贪污。

汉桓帝的这次行动，无疑又提升了宦官的地位。本来就已是贪污无耻，现在更加为所欲为了。

国库没钱了怎么办？“聪明人”说，向老百姓收缴啊。

问题是，老百姓也没钱啊。一年的收成就那么多，除了养家糊口，还要养着那么多大大小小的官吏。而且那段时间，全国又发生了许多起义，打仗需要的钱就更多了。

想收的钱收不上来，用钱的地方却没有少，怎么办呢？横征暴敛，巧立名目，总之是挖空心思聚敛。

这里举个例子：

公元 161 年，汉桓帝想出了一个奇招：倒卖官爵。各种侯爵，各种官职，一律明码标价，谁出得起钱就给谁。

那么，花价格不菲的钱买一个官，值得吗？放心好了，当时傻子都觉得值。因为在东汉末年这个时期，花钱买官绝对是一本万利的“好买卖”。花一千贯买的官，过不了几年，怎么着也能赚个几倍、几十倍，乃至更高。后世也有“三年清知府，十万雪花银”之说。

当然，倒卖官爵让更多的人活不下去。活不下去怎么办？哪里有粮食就抢哪里。就这样，大规模的农民起义开始爆发了。

第二次党锢之祸

铲除宦官的行动功败垂成……

延熹十年（公元 167 年）六月，汉桓帝将这一年改为永康元年，意思是希望通过改元能让自己万岁、万万岁。

汉桓帝后期荒淫，却没有儿子。桓帝无后，窦皇后与其父窦武只好临朝定策，迎立解渎亭侯刘宏即帝位，这就是汉灵帝。

灵帝即位后，由于年幼（只有十二岁），窦氏按照前朝的旧列，以皇太后的身份临朝听政。她任命老爹窦武为大将军，执掌全国最高的权力；又重新任用因“党锢之祸”被罢免的太尉陈蕃为太傅，录尚书事，一起辅政。

窦武和陈蕃一文一武，配合默契，东汉王朝又有了一丝生气。

灵帝继位后，宦官侯览、曹节、王甫、郑飒、公乘昕等与灵帝的乳母、宫中女官狼狈为奸、沆瀣一气。

而当上太傅的陈蕃，重新起用了“党锢之祸”后在家赋闲的李膺等人，继续跟宦官斗下去。两大集团又展开殊死搏斗。

由于陈蕃他们有大将军窦武也就是外戚的支持，宦官们暂时处于下风，严重时甚至有朝不保夕的感觉。

眼看就要取得最终的胜利，将宦官集团彻底清除，没想到行事不密，把大好局面葬送得一干二净。

事情的经过是这样的：

有一天，陈蕃找到窦武对他说：“这帮阉党太可恶了，有他们在天下别想太平，还是全部除掉吧。”

窦武点点头：“言之有理，咱们不如找个机会把他们一勺烩了！”

陈蕃连忙说："对，连锅端，看他们还能狂几天！"

不久，两人便联手举荐尹勋、刘瑜、冯述等几个同样反对宦官弄权的官员出任要职，并且还重新起用李膺、杜密等一大批桓帝时被禁锢的"党人"。一场以彻底解决宦官弄权问题为主旨的行动就这样悄悄拉开帷幕。

他们并没有直接对曹腾、王甫等大宦官下手，而是拿管霸、苏康等几个恶名昭著且又掌有一定实权的对手开刀。不用说，管霸、苏康等人都是曹节等大宦官的臂膀与帮凶。

在斩断其臂膀后，大将军窦武终于出面奏请，要诛杀曹节和王甫。无奈，窦太后却有些不舍，迟迟不肯应允。

窦太后张大嘴巴嚷道："若把太监都杀了，只剩下一堆弱女子，那以后后宫里的活儿谁来干？再说我贵为太后，母仪天下，难道要直接指挥大臣们吗？"

窦武和大臣抓了郑飒，把他弄进监狱里严刑拷打。然后，他把曹节的罪恶全都供了出来。这个世上视死如归的人绝对不是没有什么节操的太监，因此刀还没架他脖子上，他就一股脑儿连太监们晚上说什么梦话都给招了。

于是窦武再次上疏痛斥宦官专权的诸多弊端，强烈要求立即诛杀曹节、王甫等人。然而，令窦武万没想到的是，就是这一封奏疏给他带来杀身之祸。

按照常规，窦武的奏疏应先由小监转交宦官朱瑀，然后再由朱瑀交给窦太后。谁知，这朱瑀竟然私自拆开，看了窦武的奏疏。

这一看不要紧，差点没把他给吓得背过气去。待心情稍稍平静，他不由破口骂道："那些弄权放纵的宦官死有余辜，可我们这些人有什么罪呢？怎么也要杀我们呢！"

被逼急眼的他很快便生出一计。就见他故作慌乱的样子，在后宫里到处乱跑。一边跑，一边他还不住嘴地喊："不好啦！不好啦！陈蕃、窦武要造反！他们上疏太后，要废掉皇上！"整个皇宫顿时乱作一团。

趁此机会，朱瑀迅速把内情汇报给曹节。曹节也不含糊，当即奏请小皇帝刘宏，由寝宫转移至德阳殿。紧接着，他便传令关闭宫门，继而又用刀逼着尚书台的官员拟写了圣旨诏令。随后，大宦官王甫手持圣旨将窦太后劫持，拿太后的印玺救出了被关押的郑飒。

一出来，郑飒立刻拿了一道圣旨率一支队伍来捉拿窦武。由于事先准备不足，匆忙来到军营的窦武只是集结起几千人。

闻知窦武拥兵拒捕，王甫立马率领羽林军于皇宫南门外扎下营寨，准备与窦武决战。

转眼一夜过去，黎明时分，窦武率领几千人马来至皇宫南门。王甫一提马的缰绳来到阵前。就见他扯开嗓子对着窦武这边的将士煞有介事地喊道:“窦武造反了！你们都是皇上的卫士，怎能同叛逆同流合污呢？谁先投降过来有重赏！”他这招还真管用。到吃早饭的时候，窦武手下的将士就差不多跑光了。

见大势已去，窦武只好独自落荒而逃。王甫岂能放过他！看到对手紧追不舍，窦武只好拔剑自刎。

等陈蕃闻讯带了八十几人赶到皇宫时，窦武已经兵败自杀。他们与得胜的王甫不期而遇。可怜这位耿介老臣竟然就这样死在宦官王甫的屠刀之下。

公元 169 年，宦官侯览指使爪牙，诬告山阳高平张俭谋反，党锢再起。曹腾借机奏请逮捕所谓“党人”。李膺、杜密等百余名士被杀，妻子被发配边疆。宦官们还将天下义士和正直学子诬为“党人”，或处死或发配或囚禁或免官，又有六七百人。

没了限制的太监们将正处青春期的刘宏教唆、引诱成了一个荒淫贪婪之徒。

刘宏原来只是个侯爵，被迎立为皇帝后，全天下的人、财、物一下子都归了他了。可是他并不相信，心里始终不踏实。想来想去，他觉得还是应当像做侯爵时那样，置买点田地房宅。于是，他把搜刮来的钱财拿回河间老家去买田宅、起第观，还剩下一些就分别寄存在宦官家里。

刘宏的做法让人看不下去，觉得堂堂天子还买田建屋，成何体统！因此有个叫吕强的人就上书劝谏，说："天下的万物都是陛下的，哪还分什么公、私！陛下又何苦买田置地，岂不让天下人笑话！"

小皇帝依然我行我素，又大兴土木，建造宫室。

刘宏又异想天开地在后宫中设置了一个市肆，与城市里的市场一样，店铺林立、游客如织，热闹非凡。小皇帝用宫中的珠宝、绸缎以及各种物什充实其"商店"，而买卖商品的都是宫中的宫女。灵帝本人脱去龙袍，穿上商人的衣服。那些宫女明拿暗偷店铺里的货物，并互相钩心斗角，灵帝以此为乐。

做买卖之余，灵帝还变着花样地玩。他用四匹白驴驾车，亲自操辔，在御苑里驱驰，玩得很开心。达官贵人们也竞相仿效。一时间驴子备受青睐，一头驴的价格等于一匹马的价格。

驴玩够了，刘宏又玩起了狗，并给狗戴上了进贤冠和绶带。东汉的进贤冠为文官所用，给狗戴上文官的帽子，实际上是对文官们的一种侮辱。

玩乐是需要花钱的，小皇帝还没有疯够，于是，他又开办了一个官员交易所，明码标价，公开卖官。例如：二千石，二千万。而县令等是当面议价，因为缺有好坏，价有高低。总之，除了皇帝，其他职位都卖。

汉灵帝这么闹腾，这么能捞钱，但钱还是不够花，日子也过得越来越不舒坦。为什么呢？因为黄巾起义爆发了，好日子就要到头喽。

发端于灵帝中平元年（184 年）的黄巾起义虽然没有直接灭亡东汉王朝，但它对东汉的统治产生了巨大的冲击。

为消灭起义军，各地势力拥兵自重，虽最终使这场起义以失败而告终，但军阀割据、朝廷名存实亡的局面已不可挽回。

初平元年（190 年），董卓挟汉献帝迁都长安，自此军阀混战的局面进入一个新阶段。建安元年（196 年），曹操迫汉献帝迁都许昌。公元220年，曹丕篡汉，东汉灭亡，进入三国时代。

那么，东汉究竟是怎样灭亡的，三国时代又有哪些精彩绝伦的人和事呢？请看拙著《谁主沉浮的三国乱世》。

简要大事年表

前 202 年　刘邦称帝，建立汉朝。

前 195 年　刘邦卒，刘盈继位，是为汉惠帝。

前 188 年　汉惠帝卒，吕后临朝称制。

前 180 年　吕后卒，太尉周勃灭诸吕，拥立刘恒，是为汉文帝。

前 157 年　汉文帝卒，刘启继位，是为汉景帝。

前 154 年　“七国之乱”爆发，三个月被平息。

前 141 年　汉景帝卒，刘彻继位，是为汉武帝。

前 139 年　张骞开始奉使西域。

前 134 年　汉武帝罢黜百家，独尊儒术。

前 129 年　匈奴南侵，卫青等反击。

前 127 年　卫青伐匈奴，收复河南，置朔方郡、五原郡。

前 124 年　卫青伐匈奴，拜大将军。

前 122 年　淮南王刘安反，后自杀。

前 121 年　骠骑将军霍去病伐匈奴，匈奴浑邪王降，收复河西地。

前 119 年　禁民间铸造金钱；禁民间铸造铁器和煮盐；颁布缗钱令；发动漠北之战，李广自杀；卫青、霍去病兵分两路伐匈奴，卫青至窴颜山，霍去病封狼居胥，从此沙漠以南无匈奴王廷。

前 117 年　颁布告缗令；霍去病卒。

前 87 年　汉武帝刘彻卒，刘弗陵继位，是为汉昭帝。

前 81 年　盐铁会议。

前 80 年　盖长公主自杀，上官桀、桑弘羊灭族。

前 74 年　汉昭帝刘弗陵卒，侄昌邑王刘贺继位，后被废，故太子刘据之孙刘询立，是为汉宣帝。

前 49 年　汉宣帝刘询卒，子刘奭继位，是为汉元帝。

前 33 年　昭君出塞；汉元帝刘奭卒，子刘骜继位，是为汉成帝。

前 7 年　汉成帝刘骜卒，侄刘欣继位，是为汉哀帝。

前 1 年　汉哀帝刘欣卒，堂弟刘衎继位，是为汉平帝；王太后临朝，王莽任大司马。

9 年　王莽称帝建新朝，西汉亡。

25 年　刘秀称帝，定都洛阳，建立东汉。

43 年　伏波将军马援大破交趾，岭南悉定。

48 年　匈奴分为南北两部。

57 年　光武帝刘秀卒，刘庄继位，是为汉明帝。

73 年　窦固击匈奴，至天山；班超奉使西域，西域畅通。

75 年　汉明帝卒，刘炟继位，是为汉章帝。

89 年　窦宪大破北匈奴于稽落山。

91 年　窦宪所部大破北匈奴于金微山，而后匈奴西迁。

94 年　班超平定焉耆，稳定西域。

105 年　蔡伦改良造纸术。

132 年　张衡造候风地动仪。

146 年　梁冀鸩杀汉质帝，立刘志，是为汉桓帝。

159 年　“跋扈将军”梁冀自杀。

166 年　“党锢之祸”发生，李膺等人下狱。

184 年　黄巾起义爆发。

主要帝王列表

汉高祖刘邦（前 256—前 195 年） 汉朝开国皇帝。建立汉朝后，休养生息，励精图治，恢复社会经济，稳定统治秩序。是中华文明的伟大开拓者之一，对中国的发展以及统一有突出贡献。

汉惠帝刘盈（前 210—前 188 年） 年仅十六岁即登基，在位七年，主要采取“无为而治”的方针，对汉初的经济发展作出了一定贡献。

汉文帝刘恒（前 202—前 157 年） 即位之后，励精图治，兴修水利，厉行朴素，废除肉刑，实现国家强盛安乐，百姓富裕小康，是“文景之治”的奠基人。

汉景帝刘启（前 188—前 141 年） 在位期间，推行削藩，削夺诸侯封地，平定“七国之乱”，巩固中央集权，勤俭治国，继续奉行“与民休息”政策，发展生产，减轻赋税。与父亲刘启一起开创了“文景之治”。

汉武帝刘彻（前 156—前 87 年） 在位期间大力巩固皇权，颁行“推恩令”，解决侯王势力，将盐铁生产经营权和铸币权收归朝廷。采用了董仲舒的建议，“罢黜百家，独尊儒术”。大力反击匈奴，收复疆土。

汉宣帝刘询（前 92—前 49 年） 在位时，全国政治清明、社会和谐、经济繁荣。统治期间，呼韩邪单于归汉，消除了匈奴的威胁。

汉成帝刘骜（前 51—前 7 年） 荒于酒色、不理朝政。最为人们熟知的是他宠信赵飞燕、赵合德姐妹俩的事。是把西汉王朝送上不归路的皇帝。

光武帝刘秀（前 6—57 年） 结束了自新莽末年以来的混战与割据局面。提倡“柔术”治国，优待功臣，大力发展经济，开创了“光武中兴”时代。

汉明帝刘庄（28—75 年） 在位时，吏治比较严明，赋税比较少，人民生活安定。致力消除北匈奴的威胁，命窦固带兵征伐，令班超奉使，畅通西域。

汉章帝刘炟（58—88 年） 继续派班超管理西域，使西域稳定。统治期间，政治还算清明，经济比较繁荣。

汉安帝刘祜（94—125 年） 即位时因年幼由邓太后秉政。亲政后，政治黑暗，社会矛盾尖锐。

汉质帝刘缵（138—146 年） 即位时年仅八岁，却颇伶俐。说大将军梁冀为“跋扈将军”，被梁冀毒死。在位区区一年。

汉桓帝刘志（132—167 年） 即位时由外戚梁冀掌握大权，后依靠宦官诛杀梁冀，自此朝政大权落入宦官之手。在位时公开卖官鬻爵，使政治愈加腐败，还荒淫无度。

汉灵帝刘宏（157—189 年） 在位时由宦官把持朝政，滥杀有志行义的朝野人士，卖官鬻爵，大修宫室，玩驴走狗，恶行无数，使得民不聊生，最终导致黄巾起义爆发。